Besuchen Sie uns auf www.penguin-verlag.de und Facebook.

Christoph Scheuermann

UNTER BRITEN

Begegnungen mit einem unbegreiflichen Volk

PENGUIN VERLAG

Verlagsgruppe Random House FSC® N001967

PENGUIN und das Penguin Logo sind Markenzeichen
von Penguin Books Limited und werden
hier unter Lizenz benutzt.

1. Auflage 2017
Copyright © 2016 Deutsche Verlagsanstalt,
in der Verlagsgruppe Random House GmbH,
Neumarkter Straße 28, 81673 München,
und SPIEGEL-Verlag, Ericusspitze 1, 20457 Hamburg
Umschlaggestaltung: Favoritbuero, München, nach einem Entwurf von
Büro Jorge Schmidt, München
Umschlagmotive: © Art'nLera/shutterstock, © avtor painter/shutterstock
(Bulldogge) und © Büro Jorge Schmidt (Biergläser)
Satz: DVA/Andrea Mogwitz
Druck und Bindung: GGP Media GmbH, Pößneck
Printed in Germany
ISBN 978-3-328-10208-3

www.penguin-verlag.de

 Dieses Buch ist auch als E-Book erhältlich.

Für Fritzi

Inhalt

The greatest is behind.
Macbeth

This is the room, the start of it all.
Joy Division

Vorwort

Es fing an mit einer Frage. Was ist eigentlich mit den Briten los? Freunde wollten das wissen, Arbeitskollegen, der Chefredakteur, Partybekanntschaften, SPIEGEL-Leser, meine Mutter. Hinter der Frage lauerte Neugier, manchmal Skepsis und oft genug Ärger über die Unverschämtheit eines Volkes, das sich derart beständig über »Europa« aufregte.

Ich antwortete meistens, dass nicht alle Briten das europäische Projekt und die Europäische Union verachteten. Dass einige Vorwürfe gegen Brüssel gerechtfertigt seien. Und dass überhaupt auf dem Kontinent ein verzerrtes Bild der öffentlichen Meinung auf der Insel herrsche, man dürfe sich nur nicht von den giftigen Londoner Medien beeinflussen lassen, von der »Sun«, der »Daily Mail« und anderen. Aber um ehrlich zu sein, wusste ich auch nicht so genau, was mit den Briten los war.

Was ich wusste: England hatte den Blues, als ich im Herbst 2012 als SPIEGEL-Korrespondent nach London zog. Das Land steckte in der tiefsten Wirtschaftskrise seit der Nachkriegszeit, die Staatsschulden stiegen, das Volk wollte keine Auslandseinsätze mehr, und in Schottland stand ein Referendum bevor, das Großbritannien an den Rand des Zerfalls bringen sollte. Das Selbstbewusstsein der Briten, das sich immer aus einem florierenden Handel, wirtschaftlicher Stärke, innerer Vielfalt und globalem Einfluss gespeist hatte, war schwer erschüttert. Keine gute Voraussetzung für Offenheit und Heiterkeit also. Die frühere Weltmacht verlor das Interesse an der Welt, England versank in sich selbst. Das war, grob gesagt, die Ausgangslage.

Jede Nation ist ein Narrativ, eine Sammlung von Geschichten, die ein Kollektiv von Menschen über sich selbst erzählt, eine Mischung sich überlappender, oft widersprüchlicher Identitäten, Zugehörigkeiten und Abgrenzungen. Die Debatte um den Austritt aus der EU war der Versuch, dieses Narrativ in eine bestimmte Richtung zu lenken. Die Brexit-Bewegung nutzte die Unsicherheit und die Wut vieler Menschen in den ärmeren, abgekämpfteren Gegenden von England und Wales, um das trügerische Bild einer freien, unabhängigen Insel zu zeichnen, die sich nur von ihren europäischen Fesseln lösen müsse, um zu Wohlstand und Glück zurückzufinden. In die globalistischen Argumente der intellektuellen Brexit-Kämpfer mischten sich isolationistische, nationalpatriotische Töne. Einwanderer galten als gefährlich und schädlich für den Sozialstaat, Kriegsflüchtlinge als Bedrohung. Im Vorfeld des Referendums erhob der kleine, furchtsame Teil von England seine Stimme, von dem man als kontinentaleuropäischer Beobachter hoffte, er möge bitte nicht triumphieren.

Es kommt nicht oft vor, dass die Zukunft und die Gewissheiten einer Nation an einem einzigen Tag ins Wanken geraten. Der 23. Juni 2016 war so ein Tag. Das Votum der Briten, der EU den Rücken zu kehren, war eine Entscheidung gegen die Vernunft, gegen den gesunden Menschenverstand, gegen die herrschenden Eliten, auch gegen die weltgrößte Freihandelszone mit 500 Millionen Menschen. Aber es war eine demokratische Entscheidung, auch wenn das ein schwacher Trost ist.

Dies ist kein Brexit-Buch. Der Plan, diesem unbegreiflichen Volk näherzukommen, entstand lange vor dem Referendum. Mein *road trip* über die Insel dauerte ein halbes Jahr, von Ende 2015 bis Mitte 2016. Ich machte mich auf die Suche nach dem, was dieses Land eint und spaltet – Punk und Monarchie, Steinkohle, Spione, die Obsession mit der Klassengesellschaft, die Anbetung von Losern. Ich fuhr durch die Highlands auf der Suche nach dem schottischen Patriotismus, stieg mit englischen Hexen durch einen verwunschenen Wald in Southampton und spazierte durch Parks in Hampshire, weil ich glaube, dass die englische Seele in einem Garten wohnt. Menschen werden geprägt durch ihre Umgebung. Wenn die Briten, die ich unterwegs getroffen habe, etwas gemeinsam haben, dann die Widerstandskraft und den Trotz auf einer Insel, auf der nicht immer die Sonne scheint.

Es gab kein Auswahlkriterium für die Protagonisten, außer dass sie interessant sein und eine Geschichte zu erzählen haben sollten – Bergarbeiter, Eton-Schüler, Fußballer, Schatzsucher, Jung-Tories und viele mehr. Wie tickt die künftige Führungsriege des Landes? Wo fängt für Briten der Spaß an und wo hört er auf? Und was macht eigentlich Prinz Charles den ganzen Tag? Zur Natur von Recherchen zählt stets die Begleitverzweiflung, nie genug Material zu haben, und am Ende die mürbe Einsicht, dass etwas fehlt (Drogen, Sex, Nordirland) und einiges nicht geklappt hat (David Beckham, die Sandwich-Fabrik, der Sammler von Hitler-Devotionalien). Drei Texte sind im SPIEGEL in veränderter Fassung und gekürzt erschienen, der Rest ist neu.

Natürlich muss jeder Versuch, die Briten als homogenes Volk zu fassen, schon an der turbulenten Einwanderungsgeschichte der vergangenen Jahrzehnte scheitern, die Einwanderer aus Pakistan, Indien, Bangladesch und der Karibik auf die Insel spülte, neben russischen Juden, polnischen Bauarbeitern, französischen Bankern und anderen Glückssuchern aus der ganzen Welt. Dieses Buch ist der Versuch, besser zu scheitern. Vor allem ist es der Anmachversuch an ein Volk, das der körperlichen Nähe von Fremden sehr skeptisch begegnet.

Auf der Reise habe ich ein Land erlebt, das hungrig ist nach Freiheit, und das gleichzeitig unsicher wirkt, wo es diese Freiheit finden möchte. Ein Land in der Defensive. Seit Jahrzehnten misst sich Großbritannien an der Bedeutung der eigenen Vergangenheit, der Satz des früheren US-Außenministers Dean Acheson von 1962 stimmt bis heute: »England hat ein Empire verloren, aber noch keine neue Rolle gefunden.« Als Beobachter stolpert man über die Vergangenheit, fast jeden Tag und überall, bei Erinnerungsfeiern für Kriegsopfer und Veteranen, bei Aufführungen historischer Schlachten, bei Sammlern von Kriegsdevotionalien, an all den Denkmälern, Obelisken und Gedächtnistafeln, die von Inverness bis Portsmouth an das glorreiche Gestern erinnern.

Anders als in den meisten europäischen Staaten, deren Eliten im Verlauf des 20. Jahrhunderts immer wieder gewaltsam ausgetauscht wurden, ist das britische Establishment mehr oder weniger stabil geblieben. Dieselben Privatschulen und Universitäten, die schon seit Ewigkeiten Minister, Beamte, Richter und Generäle produzieren, tun das auch weiterhin. Immer noch prägen reiche Familien das Land, jahrhundertealte Netzwerke und Verbindungen. Nicht zufällig sind es die oberen Schichten, die so gerne in die Vergangenheit blicken, auf die alte Größe. Die Sehnsucht der Eliten nach dem Damals zog sich auch durch das EU-Referendum.

Ich habe aber auch ein Land erlebt, das selbstgenügsam ist, stolz und radikal in seiner Ablehnung angeblicher Autoritäten, die den Briten sagen, was sie zu tun und zu lassen haben, ob von Brüssel oder von Westminster aus. Unter der Oberfläche köchelt der Wunsch eines Volkes, in Ruhe gelassen zu werden, die vergangenen Jahrzehnte waren schließlich chaotisch genug. Durch die Gesellschaft ziehen sich die Narben alter Kämpfe, und wer mit ehemaligen Bergleuten spricht, spürt die heiße Trauer der früheren Industrienation, die sich in eine Finanz- und Dienstleistungsgesellschaft verwandelt hat — eine Veränderung, die viel stärker, umfassender und radikaler war, als man sich das als Deutscher vorstellen kann.

Es heißt oft, die Briten seien so eigensinnig, weil sie auf einer seit jeher freien, unabhängigen Insel lebten. Ich finde, die Insularität ist nur ein Narrativ von vielen, und nicht unbedingt das überzeugendste. Über Jahrhunderte hielt der schmale Ärmelkanal die Briten nicht davon ab, Handel mit dem Kontinent zu treiben, in Konflikte einzugreifen und sich in das kontinentale Machtgefüge einzumischen. Das Haus Windsor ist von europäischen Fäden durchzogen, und mein Eindruck ist, dass etliche Briten Europa und die Welt besser kennen, als die Kontinentaleuropäer von sich behaupten. Am Ende der Reise dachte ich, dass die Insularität zwar eine bequeme, aber keine ausreichende Erklärung für den Isolationismus ist, in den sich die Briten mit dem Brexit-Votum stürzten.

Jeder Einwanderer kennt den Schock der Fremde, vor allem, wenn er alleine mit zwei Reisetaschen und einem Rucksack am Fährterminal von Harwich ankommt und feststellen muss, dass der Zug nach London nicht fährt. Der Schock des Neuanfangs lässt mit der Zeit nach, zumal die Briten ein außergewöhnlich offenes, herzliches und gastfreundliches Volk sein können, besonders dann, wenn man ihr Bier mag und ihre Panik vor unangenehmen Gesprächssituationen toleriert.

Manche Eigenheiten werden dem Einwanderer dennoch unerklärlich bleiben. Dazu zählen je ein Heiß- und Kaltwasserhahn im Badezimmer, undichte Fenster, angeleinte Kinder, kurze Hosen im Dezember sowie die Eisenbahn, die zu den umständlichsten und teuersten Fortbewegungsmitteln der Welt zählt – und das in dem Land, das den Zugverkehr praktisch erfunden hat. Viele Briten sehen diese Probleme, scheitern aber an der Verbesserung, weil es gemütlicher ist, nicht nach Perfektion zu streben. Auf der Insel heißt das Pragmatismus. Das Ergebnis ist oft alles andere als praktisch, aber meistens unterhaltsam, wie das ganze Land.

»Die Engländer werden sich nie in eine Nation von Philosophen verwandeln. Sie werden stets Instinkt der Logik vorziehen und Charakter der Intelligenz ... Aber sie müssen aufhören, Ausländer zu verachten. Sie sind Europäer und sollten sich dessen bewusst werden.« Das schrieb George Orwell 1944, und vermutlich hat er damit bis heute recht. Trotz Brexit muss man bedingungslos optimistisch sein, was die Zukunft der Insel angeht. Denn wenn die Briten in den vergangenen Jahrzehnten eines bewiesen haben, dann die Fähigkeit, aus dem Schlamassel wieder herauszufinden, in den sie sich selbst stürzten. Das schwindende Empire kompensierten sie mit dem Export von Kultur, von den Beatles bis One Direction, von James Bond bis Sherlock, von David Attenborough bis Top Gear, von den Computerspiel-Klassikern »Lemminge« bis »Grand Theft Auto«.

An die Stelle von Macht haben die Briten Unterhaltung gesetzt, insofern stimmt der Satz von Dean Acheson über das verlorene Empire auch wieder nicht. Sie schaffen es, eine miserable Ausgangslage in eine annehmbare Situation zu verwandeln, und das, ohne die gute Laune zu verlieren. Etwas Besseres kann man über ein Volk nicht sagen, finde ich.

Von einem, der wartet

Unterwegs mit Prinz Charles

Prinz Charles gibt selten Interviews, er redet lieber direkt mit seinen Untertanen. Regelmäßig fährt er von Highgrove House in Gloucestershire, wo er mit Camilla lebt, hinaus ins Land, um Hände zu schütteln, Orden zu verleihen, Gebäude einzuweihen und Metzgereien, Hockeyschläger oder Soldaten zu begutachten. Auf knapp 400 öffentliche Termine kommt er im Jahr. Man kann dem Thronfolger praktisch nicht entrinnen, selbst wenn man wollte.

An diesem Montag stehen drei Verpflichtungen in seinem Kalender: vormittags Einweihung eines Familienzentrums in der Kaserne der Royal Dragoon Guards, eines walisischen Regiments, das in Norfolk stationiert ist, im Osten Englands; mittags Rundgang durch eine alte Schuhfabrik in Norwich, nicht weit von der Kaserne; nachmittags Besuch eines Dorf-Pubs. Das Programm hatte die Presseabteilung des Clarence House, das ist die Londoner Arbeitsresidenz des Prinzen und der Sitz seines Stabes, in Form mehrseitiger »operativer Hinweise« vorab an die hauptberuflichen Königshausbeobachter verschickt. Royal Editor, Royal Correspondent und Royal Reporter sind angesehene Jobs im öffentlichen Leben Großbritanniens. Unter Kollegen gelten die Inhaber dieser Posten als Mitglieder der Subspezies Klatschreporter – leicht überzuckerte Leute mit speziellem Krawattengeschmack, die von den Königspalästen gerne wie von echten

Menschen sprechen: »Clarence House sagt«, »Buckingham Palace dementiert«, undsoweiter.

Mir erklärte Clarence House, Charles' Termine an diesem Montag erlaubten einen repräsentativen Einblick sowohl in dessen Terminplan als auch in dessen Lieblingsthemen. Es besteht also nicht nur die Chance, den Prinzen live zu sehen und zu hören, sondern ihn auch noch in seinem natürlichen Habitat zu beobachten. Ist er wirklich so verspannt, wie er im Fernsehen wirkt? Was hat der künftige König zu erzählen? Ist er fähig zum Smalltalk – und redet er dann wie alle Briten erst mal über Immobilienpreise?

Wenn ich ehrlich bin, hatte ich nie viel übrig für die Königsfamilie. Für mich waren die Windsors so relevant wie eine Gruppe Bauchredner. Je länger ich aber in England lebte, umso mehr verstand ich, wieso so viele Briten an ihrer Monarchie hängen. Sie veranstaltet einfach eine ziemlich gute Show mit ihren Wachwechseln, Paraden, Heiraten und Geburten. Außerdem füllt sie das politische Vakuum in einem Land ohne Präsidentenamt und ohne geschriebene Verfassung, hält eine zerfasernde Gesellschaft zusammen und verbindet Arm und Reich. Die Queen hat fast ein Dutzend Premierminister erlebt und sorgt mit ihrem Stoizismus für Kontinuität in einem parlamentarischen System, das von Konfrontation und Lärm geprägt ist.

Je mehr ich über Charles las und je öfter ich ihn im Fernsehen sah, desto größer wurde meine Neugier. Offenkundig war er durch eine eher unemotionale Kindheit geschliddert, mit einer hyperdisziplinierten Mutter und einem bockigen, narzisstischen Vater. Auch bei Frauen hatte er kein glückliches Händchen, die Sache mit Diana ging schnell schief, dann kamen die Tampon-Telefonate mit Camilla an die Öffentlichkeit. Er schien immer in der Defensive zu sein, egal, was er anpackte. Charles wurde zum Sinnbild einer verlorenen Palastgeneration. Vielleicht ist er deshalb ein Arbeitstier. Er kompensiert. Er nimmt mehr Termine wahr als seine Söhne Harry und William zusammengerechnet, im Gegensatz zu ihnen muss er

beim Volk um Sympathien kämpfen. Seit Jahren zieht Charles mit seinem Gefolge durch das Königreich wie auf einer nie endenden Werbetournee.

Für die schreibende Presse bestehen seine Termine zu 90 Prozent aus Herumlungern und zu zehn Prozent aus Gewaltphantasien gegen die drängelnden Fotografen und Kameraleute. Charles scheint das zu genießen. Es ist die Rache des Angeschossenen an den Aasgeiern. An diesem Morgen haben sich vier Fotografen am Tor der Dragoon-Guards-Kaserne eingefunden, je ein Kamerateam von itv und dem Militärsender BFBS, zwei Lokaljournalisten sowie ein Mann vom »Daily Telegraph«. 14 auffallend gut gekleidete Reporter. Offenbar haben alle das Vorbereitungsmemo des Clarence House bis zum Schluss gelesen, wo in gefetteter Schrift stand: »Aus Rücksicht auf die einladenden Organisationen und deren Gäste werden Vertreter der Medien gebeten, angemessene Kleidung zu tragen: Anzug und Krawatte für Gentlemen und Entsprechendes für Ladys.«

Alle frieren. Seit einer Dreiviertelstunde stehen wir in einem eisigen ostenglischen Wind vor einem angeblich neuen und tatsächlich nur neu innendekorierten Familienzentrum der Kaserne, einem unauffälligen Flachbau, der mit Tischen, Bildschirmen und einer Menge Spielzeug ausgestattet wurde. Mit der Presse warten sechs Soldaten, die braune, lederbezogene Holzstöcke in der Hand tragen, wie in der Kriegsklamauk-Serie »Blackadder«, sowie 30 oder 40 leicht übergewichtige walisische Soldatengattinnen mit ihrem ebenfalls gutgenährten Nachwuchs. Der Himmel ist königsblau, die Böen werden stärker. Einige Kinder rennen mit Großbritannien-Fähnchen über die Wiese, was keine schlechte Idee ist, um warm zu bleiben. Ich entscheide mich dagegen mitzurennen, um nicht schon bei meinem ersten royalen Termin kompliziert zu wirken. Wer weiß, wozu der Draht zum Clarence House noch nützlich sein könnte.

Ein schwarzer Bentley rollt heran. Rücken werden durchgestreckt, Kameras geschultert, Finger zücken Kugelschreiber. Charles stemmt sich aus dem Rücksitz und lässt die Kälte auf sich wirken. Mit einer langsamen Bewegung streicht er seinen sandfarbenen Kamelhaarmantel glatt, tritt in leicht gebückter Haltung auf zwei Soldaten zu, schüttelt ihre Hände, schaut nach rechts, schaut nach links, scheint erst jetzt die Menschenmenge wahrzunehmen. Seine hochgezogenen Brauen sagen: »Gottchen, seid ihr alle meinetwegen hier?« Das kann aber auch nur gut gespielt sein. Er schlendert zu den Fahnenkindern, tippt einem Jungen zwei Mal mit dem Zeigefinger gegen die Wollmütze, eine Geste, die Zuneigung und Belustigung zugleich ausdrückt, und bummelt weiter zum Eingang. Erster Eindruck: Der Mann ist nicht in Eile. So weit, so sympathisch.

Was macht man, wenn man wie Charles nichts macht? Abtauchen geht ja schlecht. Und mit einer amerikanischen Schauspielerin durchbrennen kommt beim Volk auch nicht gut an, wie Charles' Großonkel König Edward VIII. 1936 bewiesen hat, noch immer ein

Trauma für die Windsors. Charles bleibt keine Wahl, als das Thronfolger-Spiel mitzuspielen, die Monarchie lebt schließlich davon, dass sich ihre Repräsentanten kontinuierlich zur Schau stellen. Ein unsichtbarer König wäre nicht lange König, und ein abwesendes Staatsoberhaupt würden selbst die monarchietreuen Briten nicht lange ertragen.

Drinnen im Flachbau haben die gewissenhaften Mitarbeiter des Clarence House 20 Mütter mitsamt Kindern in vier Gruppen arrangiert, fünf Mütter pro Gruppe, die der Prinz der Reihe nach anplaudern soll. Charles schlüpft aus seinem Mantel und reicht ihn einem kleinen, skeptischen Mann, dessen Aufgabe anscheinend ist, den Mantel des Prinzen zu tragen. Es wäre die erste Gelegenheit zu hören, was Charles zu sagen hat. Das Problem ist, dass ich ihn nicht verstehe. Die Frauen, mit denen er gerade nicht redet, unterhalten sich mit der Lautstärke eines Jungesellinnenabschieds. Ich stehe zwei Schritte neben Charles. Zu dem Bild seiner sich bewegenden Lippen läuft die Tonspur brüllender, lachender Mütter.

Es wäre aufschlussreicher gewesen, Charles' Briefe an die Regierung zu lesen, statt in der Kälte auszuharren. Das geht, seit der »Guardian« in einem Gerichtsverfahren die Freigabe von 27 Schreiben erzwungen hat, die Charles 2004 und 2005 an britische Beamte und Minister schickte. Sie drehen sich meistens um Städtebau, Denkmalschutz, Umwelt und Landwirtschaft. Wegen der Handschrift des Autors heißen sie »black spider memos«, die Nachrichten der schwarzen Spinne.

Die Aufregung war groß, als die Briefe auf richterliche Anordnung veröffentlicht werden mussten. Monarchiekritiker fragten, wie ein Thronfolger sich derart exponieren und politisch angreifbar machen könne. Ein künftiger König müsse unparteiisch sein, so stand es in den Zeitungen, er solle sich aus dem Regierungsgeschäft heraushalten. Und wenn er etwas zu kritisieren habe, dann bitte doch nicht schriftlich. Aber je länger man die

Briefe las und je mehr sich der Prinz darin offenbarte, umso seltsamer kam einem die ganze Aufregung vor. Charles setzte sich für den patagonischen Zahnfisch ein, warb bei der Kulturministerin um Geld für den Erhalt von einigen über 100 Jahre alten Hütten in der Antarktis, in denen die britischen Abenteurer Scott und Shackleton Zuflucht gefunden hatten, und begeisterte sich für ein altes Gefängnis in Nordirland. Es ging ihm um historische Häuser, bezahlbare Wohnungen auf dem Land und Bio-Nahrung. Die größte Enthüllung war für mich Charles' Neigung zum Melodramatischen. »Wenn ich mir den fürchterlichen Wertverlust verfallender Gebäude wie des Denbigh-Krankenhauses in Wales oder der Torr-Vale-Mühle in Derbyshire ansehe, muss ich weinen«, schrieb er.

Das sind nicht die Sätze eines Despoten, sondern die Meditationen eines romantischen Ästheten. In den Briefen führt Charles den vergeblichen Kampf des Melancholikers, der unter dem schlechten Geschmack und der Ignoranz seiner Mitmenschen leidet. Er sieht sich als Konservierer und Retter Englands. Ich bin fest überzeugt, dass der britische Thronfolger zu Hause seine leergelöffelten Joghurtbecher ausspült und abtrocknet, bevor er sie in den Recyclingmüll gibt. Er will Dörfer vor dem Verfall bewahren, Pubs, Häuserfassaden, die Handwerkskunst und vieles mehr. Sein architektonisches Leitbild ist das mittelhohe Wohnhaus, wie in Paris, der Museumsstadt. Charles' früherer Privatsekretär Mark Bolland sagte einmal, der Prinz begreife sich selbst als einen »Dissidenten«, als einen Kämpfer gegen den politischen Konsens.

Was ist ein Exzentriker, wenn nicht ein ruheloser Rebell, der einfache Antworten ablehnt? Charles fing an, sich für die ökologische Landwirtschaft zu interessieren, als die Briten noch dachten, McDonald's sei gehobene Küche. 2010 veröffentlichte er das Buch »Harmony«, eine Wehklage gegen den Raubbau an der Natur und zugleich das Öko-Manifest eines Konservativen. Charles nannte das Buch einen »Aufruf zur Revolution«. Keine Frage, da brodelt etwas in ihm. Was Al Gore für Amerika ist, wollte er für England werden. Natürlich ist es nie gemütlich, Avantgarde zu sein. Die Journalistin Catherine Mayer, Autorin der jüngsten Charles-Biografie, beschreibt sein Leben als die »einsamste Existenz, die ich jemals aus der Nähe gesehen habe«. Wie viele andere hat auch sie mehr Mitleid als Hohn für den Prinzen übrig.

Ein Kleinbus fährt die Journalisten auf dem Kasernengelände vom Familien-Flachbau zu einem Flugzeughangar. Charles' Bentley kommt fast gleichzeitig an. Im Sonnenschein erkenne ich, dass der Wagen nicht schwarz ist, sondern sehr, sehr dunkelblau, so blau wie die letzten Sekunden der Dämmerung an einem wolkenlosen schottischen Sommerabend. Im Hangar warten wieder vorsortierte Grüppchen. Diesmal sind sie bewaffnet. Offenbar hat Charles eine Schwäche für Gruppengespräche, ich schätze, sie machen es einfacher für ihn zu verschwinden, wenn die Konversation ins Stocken gerät. Während er mit einer Panzerbesatzung redet, nähere ich mich langsam bis auf anderthalb Meter. Ich kann fast seine Stimme hören. Dann springt über uns ein riesiges Gebläse an.

Ich glaube an Absicht. Später erzählt Constantine, einer von Charles' reservierten Pressesprechern, dass es Königshausreporter gibt, die sich aufs Lippenlesen spezialisiert haben. Offenbar bin ich nicht der Einzige, der Schwierigkeiten mit der Akustik hat. Ich lasse meinen ursprünglichen Plan fallen, dem Prinzen beim Smalltalk zuzuhören und ihm dadurch näherzukommen. Vielleicht erfährt man sogar mehr über England, wenn man seinen Gesprächspartnern dabei zuhört, was sie dem Prinzen mitzuteilen haben. Das geht problemlos, weil die meisten sehr eifrig und laut reden, und wenn man sie mal nicht versteht, kann man sie hinterher fragen. Einige Fetzen aus der Kaserne:

»Wir sind gerne nach Norwich gezogen, Eure Hoheit. Hier sind wir näher an unserer Familie.«

»Ja, es gibt genügend Kinderzimmer.«

»Panther, Schakal, Kojote.«

»Es ist nicht angenehm, im Februar mit einem offenen Wüstenfahrzeug durch Wales zu fahren.«

»Paderborn war phantastisch.«

»84 Meilen pro Stunde.«

»Ein Laser-Zielfernrohr.«

»Panzer? Das ist schon lange her.«

Was macht das mit einem Menschen, wenn er täglich solche Sätze hört? Spült Charles abends den ganzen Konversationsmüll mit einem Sherry hinunter, bevor er im Highgrove House ins Bett steigt? Schwer vorstellbar bei einem Mann, der von seinem Schreibtisch aus versucht, Holzhütten in der Antarktis zu retten. Charles ist ein Detailmensch. Ein Perfektionist. Er kümmert sich um Anliegen, selbst wenn sie noch so winzig sind, und wenn er sich nicht selbst darum kümmern kann, delegiert er sie an seinen Stab. Ich glaube, er merkt sich alles, was er hört. Vermutlich platzt sein Kopf bald. Möglich, dass niemand dieses Land besser kennt als er.

Mittags sind wir in der alten Schuhfabrik in Norwich, einem Rohbau. Das Gebäude steht seit Jahrzehnten leer und soll in den nächsten zwei Jahren zu einem Komplex aus Wohnungen, Büros und Ladenlokalen umgebaut werden. Die Stiftung des Prinzen will es Bürgern leichter machen, am Planungsprozess teilzunehmen. Wieder Fünfergrüppchen, bewaffnet mit Gebäck und Teetassen. Um es gleich zu sagen: Die Akustik ist miserabel.

»Hallo, Eure Hoheit.«

»Norwich ist die beste Stadt in ganz Großbritannien.«

»Ich bin Sozialarbeiterin.«

»Ich arbeite in der Kirche gegenüber.«

»Hahaha.«

Nach einer halben Stunde prüft Charles mit der flachen Hand den Sitz seines Scheitels und greift zum Mikrofon. Er freue sich hier zu sein, nuschelt er. Seine Wörter klingen wie Glasmurmeln, die auf festgetrampelten Erdboden fallen. Es ist das erste Mal an diesem Tag, dass ich ihn sprechen höre. Oft lässt er einzelne Silben weg, manchmal verschluckt er ganze Worte, als fürchte er, sie könnten Schaden anrichten, wenn sie unkontrolliert durch die Luft schwirren. Er ist vorsichtig geworden mit den Jahren. In seiner rechten Hand balanciert er eine Tasse Tee, um die er gebeten hatte, aus der er aber keinen Schluck trinken wird.

In seiner fünfminütigen Rede lobt er die Bürger von Norwich, die sich an dem Umbau der Schuhfabrik beteiligen. Der Bauprozess habe sich so sehr in einzelne, voneinander abgekapselte Arbeitsschritte zersplittert, so Charles, dass über Jahrhunderte erlernte handwerkliche Fähigkeiten aussterben und Bürger von den Planungen ausgeschlossen würden. Es ist die Klage des Konservierers. Er sei, sagt er, gespannt auf das renovierte Gebäude. »Und ich hoffe – ich hoffe wirklich –, dass ich lange genug leben werde, um das Ergebnis zu sehen.« Mildes Lachen im Publikum, Applaus, Charles ab.

Langsam wird deutlich, dass der Prinz an diesem Tag nur einen Wirklichkeitsausschnitt präsentiert bekommt. Den Teil von England, der funktioniert. Lachende Soldaten, Architekten, Sozialarbeiterinnen. Ein fröhliches Land, arrangiert in Fünfergrüppchen. Soweit ich beurteilen kann, hat sich bislang niemand bei ihm beschwert oder etwas zur Sprache gebracht, das nicht außergewöhnlich gut klappt oder auf dem besten Weg ist, außergewöhnlich gut zu klappen.

Jede Monarchie bekommt das Königshaus, das sie verdient. England hat eine Mischung aus organisierter Langeweile, Zuckrigkeit und Behäbigkeit. Charles ist der Einzige in seiner Familie, der eine Idee hat, einen Plan für die Zukunft, das ist sein größtes Problem. Er repräsentiert ein England, wie es sein will, nicht wie es ist. Es ist ein Kampf gegen die Gegenwart. Der Kampf dauert schon Jahrzehnte, und man muss sagen, dass Charles noch nicht allzu weit gekommen ist. Ein Sisyphos im Baumwollanzug.

Nachmittags steuert der Bentley auf das »White Horse« in Upton zu, eine halbe Stunde westlich von Norwich. Es dämmert bereits, am Straßenrand sammeln sich Dorfbewohner. Charles interessiert sich für das »White Horse«, weil es an der Initiative »Pub is the Hub« teilnimmt, die er vor 15 Jahren ins Leben rief (was ich ebenfalls den »operativen Hinweisen« entnehme und was in etwa heißt: »Das Pub ist das Zentrum«). Die Initiative will Pubs im ganzen Land umbauen und erweitern, so dass die Dorfbewohner sich dort nicht nur angenehm betrinken, sondern gleichzeitig Brötchen oder Wurst einkaufen, Briefe abschicken oder Bücher ausleihen können. Seit Jahren schließen unabhängige Kneipen in England, gleichzeitig gehen Postfilialen, Dorfläden und Büchereien verloren. Auch das also bedrohte Lebensformen, die gerettet werden müssen – zumindest wenn man dagegen ist, dass Großbritannien endgültig in ein Land des gesichtslosen, von Gastro-Ketten, Robo-ter-Supermärkten und Event-Bars dominierten Hyperkapitalismus mutiert. Charles ringt um die englische Seele. Die ideale Dorf-kneipe ist für ihn keine Stätte des besinnungslosen Rauschs, son-dern eine Mischung aus Kramladen und Biertankstelle mit Kamin-feuer. Insofern hat das »White Horse« mit dem patagonischen Zahnfisch mehr gemein, als man denken könnte.

Um die Wartezeit zu verkürzen, schlendere ich zum Dorfladen eine Tür weiter. Neben dem Eingang liegen in theatralisch verwit-terten Holzkisten polierte Kürbisse, Gurken, Möhren und Äpfel. Drinnen im Kühlregal hat jemand die Milchkartons offensichtlich mit einem Geodreieck arrangiert. Es würde mich nicht wundern, wenn gleich Kim Jong Un ums Eck biegen würde, um den Fünf-jahresplan zu checken. Hinter der Theke steht ein strahlendes Paar Ende 50 in Krämerschürzen, das hier freiwillig und ohne Bezahlung Dienst schiebt, wie es mir versichert. Das Paar sagt im Chor: Unser Laden macht einen Jahresumsatz von 100 000 Pfund.

Als der Prinz ankommt, stellt sich heraus, dass das Pub zu klein ist für alle Fotografen, Journalisten, Gäste und die Entourage des Prinzen. Es beginnt ein mehrstufiger Prozess des Hinein- und Hin-ausgeschicktwerdens, um sicherzustellen, dass a) der Prinz genug Platz hat, b) er echte Pub-Besucher trifft und c) die Begegnungen und Gespräche fotografisch aus der besten Perspektive festgehal-ten werden. Im Hinterzimmer haben sich die Mitglieder mehrerer lokaler Vereine versammelt, in Grüppchen wartend. Ein Fotograf drückt seinen Ellbogen in mein Gesicht. Als ich ausweiche, trete ich dem Mantelträger des Prinzen auf den Fuß. Ich nutze die Gelegen-heit, zu fragen, welche Farbe Charles' Dienstwagen hat. Der Man-telträger mustert mich von oben bis unten und antwortet: Keine Ahnung, ruf bei Bentley an.

Von hinten drängelt jemand mit einer Tasse English Break-fast. »Der Prinz würde sterben für einen Tee«, sagt der Wirt. Doch auch von dieser Tasse trinkt der Prinz nichts. Unter dem Beifall der Gäste zapft Charles an der Theke ein Pint Ale. Mir fällt jetzt erst auf, dass er keine Hände hat, sondern Pranken. Wenn man nur auf seine Hände schaut, könnte man Charles für einen Holzfäller halten, der gerade von der Maniküre kommt. Auch mit dem Bier benetzt er sich nur die Lippen. Entweder ist er nie durstig oder sehr vorsichtig.

Charles ist ein Anthroposoph, er glaubt an die explosive Wirkung kleinster Mengen. Einem Mann, der seine Rinder und Schafe mit homöopathischen Mittelchen statt mit Antibiotika behandelt und auch sonst dem Esoterischen zuneigt, ist ein Nahrungsregime zuzutrauen, das keinen außerplanmäßigen Konsum von Bier und Tee duldet. Man würde ihn dazu gern befragen, aber vor ihm steht eine Mauer aus Fotografen, Mitarbeitern und Untertanen, die ihn mit Smartphones filmen.

Charles stellt das Bier ab und steckt die Hände in die Taschen seines Jacketts. In einer kurzen Rede betont er, wie verzückt er sei, dass dieses Pub und der angeschlossene Dorfladen so hervorragend funktionierten. »Pub is the Hub« sei eine wundervolle Art, den Gemeinschaftssinn in Upton aufrechtzuerhalten, und nichts, wirklich nichts verschaffe ihm größere Freude als eine Kneipentour in dieser Gegend. Er sagt wirklich: »pub crawl«, Kneipentour.

Man kann das nicht spielen. Charles scheint den Tag tatsächlich zu genießen, die Soldaten, die Architekten, die Pub-Besucher, den ganzen Irrsinn. Von seinen kurzen Auftritten bleibt wenig übrig außer Plaketten, Tafeln und Erinnerungsfotos in Klarsichthüllen; royale Graffiti, die jahrzehntelang an den Wänden von Kasernen hängen werden, in Pubs und öffentlichen Gebäuden. Sie sind seine Art zu sagen: Ich war hier, Freunde, mich gibt es wirklich.

Bentley sagt am Telefon, man gebe keine Details zu den Wagen von Kunden heraus, auch nicht die Farbe.

Ganz unten

Beim Pfandleiher in Blackpool

An diesem windigen, nassen Donnerstag könnte Blackpool problemlos den Titel der tristesten englischen Stadt erringen und würde sogar die harte Konkurrenz von Hull, Slough oder Coventry weit hinter sich lassen. Die Spielhallen an der Promenade wirken noch billiger und deprimierender, die Lichterketten in Form von Plastik-Meerjungfrauen an den Laternenpfählen verlorener, die Rentnergruppen in den Hotelbars noch besoffener als sonst. Blackpool liegt an der Küste im Nordwesten Englands, zwischen Liverpool und dem Lake District, zwischen Coolness und Schönheit. Ich weiß nicht mehr, wer mir erzählte, die Stadt sei eine Mischung aus Las Vegas und Tschernobyl, aber der Vergleich trifft sehr gut an diesem Nachmittag.

Mein Hotel hat zwei Sterne und jeden fehlenden Stern absolut verdient. In der Nacht geschieht jedoch etwas Seltsames, und damit meine ich nicht die Siebzigerjahre-Disko im Nebenzimmer. Die Stadt verändert sich. Als ich am nächsten Morgen — es ist Karfreitag — auf die Promenade trete, hat sich die Tristesse in Lässigkeit verwandelt. Die Sonne taucht die Beton- und Neonhölle von Blackpool in milde Honigfarben. Die Spielhallen schälen sich aus dem blauen Himmel wie die Kulisse in einem englischen Roadmovie, die Meerjungfrauen-Lichterketten zwinkern mir von den Laternen zu, die ganze Billigkeit der Stadt wirkt plötzlich wie eine geniale Inszenierung. Ich überlege sogar kurz, mich zu den Rentnern zu gesellen, die vor dem »Dutchman Hotel« ihr Bierfrühstück einnehmen. Blackpool, du dreckige Schönheit.

Ich bin hier, um den Tag bei einem Pfandleiher zu verbringen. Es ist nicht so, dass andere Städte keine Pfandleiher hätten, aber der Inhaber von Nathan & Co Pawnbrokers and Jewellers war der einzige, der bereit war, einen Reporter zu tolerieren. Zur Kundschaft zählen die unteren Zehntausend der Stadt, jene Leute, die mit dem, was sie im Monat zur Verfügung haben, nicht auskommen. »Man muss leider sagen, dass der Umgang mit Geld nicht zu den Stärken unserer Kunden zählt«, sagt Stephen Lefton, der Besitzer.

Laut einer Studie des »Poverty and Social Exclusion Project« hat sich die Zahl der britischen Haushalte, die in Armut leben, seit den frühen Achtzigerjahren verdoppelt. Was oben hinzukommt, fehlt unten. Die Ungerechtigkeit wird immer größer. Das heißt jedoch nicht, dass diejenigen, die am unteren Rand der Gesellschaft gestrandet sind, nicht mehr konsumieren wollen. England ist Schuldenland. In den vergangenen Jahrzehnten bildete sich um die Unterschicht eine Schattenwirtschaft aus Geldverleihern und -eintreibern, die horrend verzinste Kleinkredite vergeben und auch deshalb Profit machen, weil ihre Kunden regelmäßig die eigene Zahlungsfähigkeit überschätzen und ihre Schulden nicht mehr begleichen können. Für viele Briten sind Pfandleiher die letzte Möglichkeit, die Zeit bis zum nächsten Gehaltsscheck oder zur nächsten Überweisung vom Sozialamt zu überbrücken.

Nathan Pawnbrokers ist ein Familienunternehmen, das der Schwiegervater von Stephen Lefton in den frühen Achtzigerjahren aufbaute, zu jener Zeit, als Thatcher mit ihrem brutalen Modernisierungsprogramm richtig loslegte. Neben zwei Geschäften in Blackpool gibt es fünf weitere Zweigstellen, darunter in Birmingham, Rochdale und Bradford. Das Geschäft laufe gut, erzählt Stephen in seinem Büro, aber nicht hervorragend, was vor allem am

relativ hohen Goldpreis liege. In den Jahren nach der Finanzkrise kletterte der Preis für die Feinunze auf weit über 1000 Pfund, in dieser Zeit gaben etliche Kunden ihren Schmuck in Zahlung. Vor allem ärmere Briten hatten in der Krise ihren Job verloren und konnten sich nicht leisten, ihren Besitz nach Ablauf der Frist zurückzukaufen. Das Wertvollste, das sie besaßen, ist jetzt weg. Die Armen haben kein Gold mehr, sie haben kaum noch etwas, das sie zu Stephen tragen können. Noch eine Folge der Rezession. Ich frage Stephen, wohin das Gold verschwindet. »Nach China natürlich«, sagt er.

Er musste ein neues Verdienstmodell entwickeln. Nathan Pawnbrokers beleiht jetzt nicht nur Halsketten und Armreife, sondern auch Smartphones, Laptops, Flachbildfernseher und Spielkonsolen. Das sind die geldträchtigsten Besitztümer der Unterschicht. Das Geschäft mit Unterhaltungselektronik läuft mit Abstand am besten, auch wenn die Gewinnmarge kleiner ist als zuvor beim Goldschmuck. Stephens Kunden können ihre Geräte 30 Tage lang in

Zahlung geben, danach müssen sie sie entweder auslösen oder die Frist gegen eine Gebühr verlängern. Sonst landet ihr iPhone in der Auslage zum Verkauf.

Das Geschäft liegt in der Innenstadt von Blackpool, am Anfang der Fußgängerzone. Die Atmosphäre innen ist nüchtern, die Einrichtung besteht aus grauen Wand- und Bodenfliesen, holzeingefassten Glasvitrinen, Neonlampen und drei panzerglasgeschützten Geldschaltern. Keine Dekoration, kein Schaufensterschmuck, dafür Videokameras an den Decken. Der Annahmetresen für die Elektronikgeräte befindet sich im hinteren Teil des Ladens. Graham stützt seine Hände auf den Tresen, er arbeitet seit sechs Jahren hier und sagt, die Leute, die durch die Tür treten, seien zu 90 Prozent Stammkunden. »Wenn du bei der Bank ums Eck dein Konto überziehst, weil du kurzfristig Geld brauchst, kostet das 30 Pfund am Tag. Wir sind billiger als die Banken, das wissen die Leute. Hey Mike, alles klar?« Mike kommt regelmäßig her, an diesem Tag tritt er bedrückt an den Tresen. Vor einem Monat gab er seinen Mini-Laptop in Zahlung, er sagt, er könne den Rechner leider noch nicht auslösen. Er braucht 40 Pfund, um die geliehene Summe zurückzuzahlen, plus zehn Pfund Gebühr. So viel hat er nicht. Er verlängert den Kredit daher für zehn Pfund und wird den Laptop in vier Wochen abholen, wenn er das Geld dann beisammen hat. Wenn. Er nimmt den Beleg entgegen und geht.

Graham ist ein höflicher, gewissenhafter Angestellter, der seine Kunden respektiert, auch wenn er bei Verhandlungen hart bleibt. Mit dem schwarzen Hemd, dem angehefteten Namensschild, der rot-schwarzen Krawatte und dem akkurat gestutzten Vollbart strahlt er Seriosität aus. Das wirkt beruhigend in einer Situation, die für seine Kunden unangenehm ist. Die meisten Briten würden sich eher ihr rechtes Bein abhacken, als über Geld zu reden. Die Leute, die zu Graham kommen, brauchen sofortige Hilfe. Ihre Stimmen senken sich, wenn sie über ihre Erwartungen reden. Graham verleiht selten mehr als 200 Pfund, oft weniger.

Herr Yeung tritt durch die Tür, ein regelmäßiger Kunde auch er. Diesmal will er sein iPhone beleihen, das er vor einer Woche gekauft hat. »Ich brauche das Geld für einen Freund, dem ich dringend etwas borgen muss.« Mehr sagt Herr Yeung nicht. Niemand redet gerne beim Pfandleiher. Not macht wortkarg. Graham zahlt 100 Pfund aus und verspricht, das Gespräch nicht anzunehmen, falls das Handy von Herrn Yeung klingelt. Dafür verlangt er den Pin-Code zum Entsperren. Herr Yeung verabschiedet sich mit den Worten: »Bis morgen!«

Wer zum Pfandleiher geht, lässt seine Privatsphäre vor der Tür. Die Schamgrenze verschiebt sich nach unten, man kann sie nur noch retten, indem man Freunde oder Verwandte vorschiebt, die angeblich dringend der Hilfe bedürfen. Ein Mädchen will ihr drei Jahre altes MacBook mit 300 Pfund beleihen; eine alleinerziehende Mutter will »so viel wie möglich« für ihr Mobiltelefon; ein älterer Herr will 65 Pfund für ein Mini-iPad. Alle scheitern an ihren eigenen Erwartungen, beziehungsweise an Graham. »Ziemlich traurig eigentlich«, sagt er.

Es ist nicht schön, der Verzweiflung so nahe zu kommen. Den Angestellten geht es offenbar nicht anders. Erst als Rose durch die Tür tritt, eine ältere Frau in Leggins, mit triefend nassen Haaren und nur wenigen Zähnen, hebt sich die Stimmung im Laden schlagartig. Alle scheinen auf diesen Moment der Entspannung gewartet zu haben. Rose ist ebenfalls Stammkundin und betreibt ein, wie mir ein Angestellter erklärt, ziemlich abgerocktes Bed & Breakfast für Monteure am Stadtrand von Blackpool. Wir sehen uns das Haus später auf Grahams Dienstcomputer mit Google Maps an, es ist ein schmaler, grauer Bau in einem unscheinbaren Wohngebiet. Vor der Haustür parkt ein Kleinwagen. Vielleicht das Auto von Rose, denke ich. Sie gibt an diesem Tag einige Armreife und Ringe in Zahlung. Während sie am Geldschalter auf ihre Auszahlung wartet, amüsiert sich der halbe Laden über die absurde Vorstellung, in ihrem B & B auch nur einen Tag lang zur Untermiete wohnen zu müssen. »Stell dir vor: Mehrbettzimmer, Etagentoiletten, das Bad nur ein schiefes Waschbecken im Eck, und dann serviert dir Rose auch noch das Frühstück« - unterdrücktes Gekicher zwischen Glasvitrinen.

Ich versuche mir auszumalen, wie die Wohnungen der übrigen Kunden von Nathan Pawnbrokers aussehen. Vermutlich eng und voller Flachbildfernseher. Es ist schwierig, den typischen Kunden zu beschreiben. Keiner wirkt bettelarm. Ein Paar Mitte 40, das einige geerbte Ketten und Ringe gegen Bargeld eintauschen will, schaut sich um, als hätte es ein fremdes Land betreten. Für mich ist das Schlimmste, dass die Kunden von Nathan Pawnbrokers keine Menschen sind, die sich ganz unten befinden. Sie haben immerhin noch etwas, das sie zum Pfandleiher tragen können. Man wohnt hier gewissermaßen dem Abstieg bei, beziehungsweise Versuchen, den Abstieg zu verhindern. Das macht den Pfandleiher so deprimierend. Ein junger Mann gab vor einem Jahr Sammlerfiguren aus »Der Herr der Ringe«, ein halbes Dutzend Comics und seltene Hörspiel-Kassetten in Zahlung. Er kann die 1000 Pfund, die er sich geliehen hat, bis heute nicht zurückzahlen. Die Figuren, Comics und Kassetten stehen jetzt in einem Regal im Hinterzimmer, ein kleines Museum der Verzweiflung. Nathan Pawnbrokers ist der Durchgangsort zwischen unten und ganz unten.

Die britische Gesellschaft ist komplizierter geworden in den vergangenen Jahrzehnten. Die Bindungen innerhalb der gesellschaftlichen Schichten werden lockerer, die traditionelle *working class* gibt es kaum noch. Stattdessen ordnen Soziologen die Mehrheit der Briten in neue, hybride Kategorien wie »wohlhabende Arbeiter« ein, »technische Mittelschicht« oder »aufstrebende Dienstleistungsarbeiter«.

Die Kräfte, die früher die unteren Millionen zusammenhielten, lassen nach, weil die Stahlwerke, Zechen und Schiffswerften längst tot sind, die Großbritannien zur Werkstatt Europas machten und

der Unterschicht Jobs und eine Identität verschafften. Dazu kommt, dass junge Briten heute ihre Zugehörigkeit in sozialen Netzwerken formen, anstatt sich den kollektiven Werten und Normen der Arbeiterschicht unterzuordnen. Konformität lehnen sie ab. Auch als Wähler sind die Jungen schwer greifbar. »Sie bevorzugen Bewegungen, keine Parteien«, schreibt der »Economist«.

Im Büro über dem Verkaufsraum diskutiert Stephen mit seiner Frau und einem Mitarbeiter neue Geschäftsfelder. Die Idee ist, Kinderspielzeug zu beleihen – Puppen, Modelleisenbahnen, Tretroller, Brettspiele, Kleinelektronik. In Armut abgerutschte Familien, eigentlich ein Zukunftsmodell. Stephen lehnt die Idee aber ab, weil die Gewinnmarge noch kleiner wäre als bei Mobiltelefonen und Konsolen. Bei Nathan Pawnbrokers ist für Nostalgie wenig Platz. Oder wie Graham sagt: »Ich wollte das selbst nicht wahrhaben, aber mit der Zeit wirst du einfach härter.«

Proper Shit

Ein Abend mit der verdorbensten
Rockband der Insel

Folgendes Bild: Mumford & Sons werden von Charles Manson verprügelt, die Pogues stürzen dazu, die Dead Kennedys auch, es kommt zur Massenschlägerei zwischen Country, Rock, Punk und Folk, und über allem steht, ein paar Schritte vom Tumult entfernt, Mark E. Smith von The Fall und raucht Heroin. So ungefähr klingen The Fat White Family aus Brixton. Ich behaupte nicht, dass alles schön ist, was sie machen. In der britischen Presse wurde die Band als die schlimmste, verdorbenste, geschmackloseste im ganzen Land beschrieben, nach Punk das Furchteinflößendste, das die Insel zu bieten hat. Grund genug, zum Konzert nach Portsmouth zu fahren, um die sechs Jungs aus der Nähe anzuschauen.

England bietet seit Jahrzehnten einen fruchtbaren Boden für Borderliner. Punk, Rock, Heavy Metal, Rave, House – all das kroch irgendwann aus einem dunklen Ort namens Underground hervor. Die meisten Bands, die das Land mit ihrer Musik prägten, wären nie woanders groß geworden und über sich hinausgewachsen. Ohne den Londoner Freiheitsdrang und die Alles-ist-möglich-Stimmung der Siebzigerjahre wären die Sex Pistols kaum zu Punk-Ikonen aufgestiegen. Ohne die Kohlehalden, Stahlöfen und Autofabriken von Birmingham hätte der Heavy Metal von Black

Sabbath nie wachsen können; Tony Iommi, der Gitarrist von Black Sabbath, hackte sich zu Beginn seiner Karriere die Finger in einer Stahlpresse ab, musste sein Instrument umbauen und schuf damit den unverkennbar tiefen, schleppenden Sound der Band. Und der wütende Post-Punk von Joy Division, der tief in die Achtzigerjahre sickerte, saugte seine Kraft unmittelbar aus der grauen Depression der Arbeitersiedlungen um Manchester herum.

Für viele Jungs und Mädchen, die in London, Birmingham oder Manchester Bands gründeten, war Musik das beste und einzige Mittel, um der Enge der *working class* zu entkommen. Und da die schönsten Blumen auf dem Schrott blühen, blüht es auf der Insel viel und oft. Punk und Rock waren Flucht und Befreiung, Revolution und Neuanfang. So war das damals jedenfalls, als Mick und Johnny und Ozzy noch nicht als ihre eigene Anti-Faltenwerbung auf Dauer-Abschiedstournee gingen. Und jetzt? Sind alle satt und reich und zufrieden?

Saul schreibt die Musik zu den Liedern von Fat White Family und glaubt nicht an die Veränderung der Gesellschaft durch einen Umsturz. »Viele Leute hier leben eindeutig zu komfortabel«, sagt er. »Das ist der perfide Trick des Kapitalismus, er produziert stumpfe, zufriedene Bürger. Niemand will die Ungerechtigkeiten sehen oder etwas dagegen tun.« Neben ihm nickt Adam, der Bassist der Band, langsam mit einem schätzungsweise zehn Tonnen schweren Kopf. Entweder ist er sehr müde oder sehr vollgedröhnt, wahrscheinlich beides.

Saul und Adam warten in einem Abstellraum neben der Bühne der Wedgewood Rooms auf ihren Auftritt, einem kleinen Konzertsaal in Portsmouth. Das Zimmer ist so geräumig wie ein Schuhkarton, fensterlos und stickig. Der größte Witz aber ist die Duschkabine im Eck. Eigentlich das perfekte Biotop für die Fat Whites. Auf dem Tisch liegen die zerrupften Reste eines Grillhuhns neben Wodka- und Ginflaschen.

In Zeitungsartikeln über die Band steht, sie schramme oft nur knapp am Zusammenbruch vorbei. Gerne wird die ungesunde Gesichtsfarbe der Mitglieder hervorgehoben, die Abstürze, die Drogen. Saul hat einen Schneidezahn verloren und konnte oder wollte bis jetzt kein Geld auftreiben, um ihn zu ersetzen. Egal, jedenfalls klafft da eine dunkle, kranke Lücke in seinem Lächeln. Lias, der die Songtexte schreibt und singt, zieht sich bei Konzerten manchmal komplett aus, im Exzessfachblatt »NME« war zu lesen, er masturbiere gelegentlich auf der Bühne und reibe sich mit seinem eigenen Kot ein. Okay, gut. Außerdem gilt das Verhältnis zwischen Saul und Lias als kompliziert, den beiden zentralen Figuren der Fat Whites, auch weil Saul ein Heroinproblem hat. Saul bestätigt die Drogengeschichte, fügt aber hinzu, er sei nach einem Entzug inzwischen clean. Über Lias redet er wenig.

Vielleicht sind die Jungs zu sehr mit dem Überleben und mit sich beschäftigt, als sich um die Welt außerhalb ihres Schuhkartons zu kümmern. Ihre Lieder heißen »Love is the Crack« oder »Goodbye Goebbels«, eine Anspielung auf das komplizierte Verhältnis zwischen Saul und Lias — sie vergleichen sich tatsächlich mit Hitler und Goebbels, die in der Phantasie der Band ihre letzten Tage koksend im Führerbunker verbrachten. Lias singt außerdem von Ike Turner, der seine Exfrau Tina verprügelte (das Lied heißt »Hits Hits Hits«), sowie von der Zunge einer Fünfzehnjährigen. Es ist der Sound der Kaputtheit, der Verzweiflung, des Zynismus, der kein anderes Ventil findet als die Wirklichkeit. »Vote Labour«, hustet Saul in der stickigen Kammer. Jeremy Corbyn sei ein guter Parteivorsitzender.

Fat White Family ist Punk minus Hoffnung und Glamour. Übrig bleiben der Siff und ein paar wahnsinnige, wahnsinnig gute Songs. Auf dem Video von »The Whitest Boy on the Beach« wirkt Saul wie Spud aus Trainspotting: ein knöchriger, blasser Zombie, glattrasierter Kopf, Augenränder groß wie Untertassen. Schminke nicht nötig. Freiheit ist, in den inneren Knast zu ziehen und dort mit einer kalten Ochsenzunge ausgepeitscht zu werden, wie im Video.

Die Tür geht auf. Im Gegenlicht zeichnet sich die Silhouette von Lias ab. Zum weißen Anzug trägt er einen weißen, bauchfreien Rollkragenpullover, weiße Hosenträger und darüber einen karierten Tweedmantel. Wie Sherlock Holmes auf Ecstasy. Die Raumtemperatur sinkt um zirka 20 Grad. Er komme von der Modewoche in Paris, sagt Lias, meistens sei er auf irgendwelchen After-Show-Partys herumgehangen. Seine Freundin, eine amerikanische Modedesignerin, habe ihn dort eingekleidet. Saul und Adam starren zu ihrem Kumpel hoch wie zu einem Gesandten vom Planeten Zog. Lias verzieht keine Miene.

Hat die Spannung zwischen ihm und Saul nachgelassen?

»Vermutlich nicht«, sagt Lias. Adam rülpst.

Lias taut erst auf, als ich mit ihm alleine an der Bar stehe. Er erzählt, dass er in einer Kleinstadt in Nordirland aufwuchs. Sein Vater kam in den Siebzigerjahren aus einem algerischen Bergdorf nach England, seine Mutter stammt aus Huddersfield in Yorkshire. Die Familie hatte nie viel Geld, Lias erinnert sich an eine schüchterne, einsame Kindheit. Später, beim Kunststudium in London, sah er die Zöglinge reicher englischer Familien, die Kunst aus Langeweile praktizierten, nicht aus innerem Drang oder Notwendigkeit, und am Wochenende ihr Geld mit Drogen verprassten. Sie mieteten sich Ateliers, verkauften Bilder. Einige wurden berühmt. Lias konnte sich kein Atelier leisten. Er arbeitete als Sprachlehrer und jobbte in Pubs. Am Ende landete er in Brixton in einem besetzten Haus, wo er Saul kennenlernte.

Wenn Punk nach Freiheit schrie und Heavy Metal die Wut von Stahlwalzen hatte, dann vertonen Fat White Family die düstere Verzweiflung des jungen, urbanen Prekariats zu Beginn des 21. Jahrhunderts. Lias erzählt von seiner Angst vor Armut und Obdach-

losigkeit. Im Frühjahr wurde er 30 und schläft immer noch bei Freunden oder bei seiner Tante, weil er sich eine eigene Wohnung nicht leisten kann. »Ich bekomme 800 Pfund im Monat für den Job in der Band«, sagt er. Er lebt wie ein Nomade, obwohl sie manchmal vor zwei- oder dreitausend Leuten spielen. »Proper shit«, sagt er. Was so viel heißt wie: blödes, geniales Scheißleben.

Seitdem das große Geld aus der Musikindustrie verschwand, ist es unmöglich, von Plattenverkäufen und Auftritten zu leben, es sei denn, man spielt Konsensscheiße wie Radiohead oder Coldplay. Konzerthallen werden abgerissen oder in Wohnungen und Bürogebäude umgewandelt; Proberäume, wenn es sie denn noch gibt, sind unbezahlbar geworden für eine mittelgroße Band. Der Underground schrumpft. London macht die Türen dicht. Die Anarchie stirbt. Es lebe die Verzweiflung.

Am nächsten Abend gehe ich zum Konzert der Fat Whites in London. Die Schlange vor dem Coronet Theatre in Southwark ist 300 Meter lang, die meisten Fans sind zwischen 18 und Mitte 30. Ein Obdachloser spricht das Mädchen vor mir an und fragt, ob sie ihm Kleingeld für die Bahn geben könne. Das Mädchen antwortet leise, sie habe ihm doch mittags schon eine Suppe bezahlt, sie habe auch nicht so viel Geld. Der Mann zieht weiter. Nebenan, unter dem Schutz eines Dachvorsprungs, bereiten sich seine Kumpels mit Schlafsäcken und Pappkartons auf die Nacht bei Londoner Kälte vor.

Fat White Family geben an diesem Abend kein Konzert, sie führen einen Angriff durch. Es ist der letzte Tag ihrer Englandtour. Das erste Lied heißt »Tinfoil Deathstar«, sie spielen es so brutal schnell, dass das Publikum drei oder vier Sekunden braucht, um den Signalkrieg aus Gitarren, Bässen, Trommeln, Stroboskop-Blitzen und Lias' Stimme zu verarbeiten. Dann bricht ein Vulkan aus. Er spuckt eine Stunde lang Glut und Asche. Wer Fat White Family nicht live gesehen hat, wird unerleuchtet sterben.

Einige Tage nach dem Konzert treffe ich Joe Corre, der die Geburt einer Subkultur vor Jahrzehnten live erlebt hat. Corre ist der Sohn von Malcom McLaren, dem früheren Manager der Sex Pistols, und Vivienne Westwood, der Modeschöpferin. Ein Kind des Punk. Er ist ziemlich sauer. Dieses Jahr feiert die britische Hauptstadt das große Gegenkultur-Jubiläum unter dem Motto »Punk London«, 40 Jahre »Anarchy in the UK« von den Sex Pistols. Zu Corres maßlosem Zorn wollen alle mitfeiern – der Bürgermeister, die British Library, das Fremdenverkehrsamt. Ein Jahr lang will das ganze verdammte Establishment den Underground hochleben lassen. »Fuck them«, sagt Corre.

Er sitzt in seinem Büro in Clerkenwell in London und kann es immer noch nicht fassen, dass der Punk auf derart perfide Weise vom Mainstream nicht nur geschluckt, sondern von ihm auch noch wieder ausgespuckt und, auf dem Boden liegend, lächerlich gemacht wird. Mit der Anarchie werden jetzt Tassen und T-Shirts verkauft. »Ich habe gehört, dass sogar der Buckingham Palast an den Feiern beteiligt sein soll.« Das müsse man sich mal vorstellen: die Queen, die alte Hassfigur der Anarchisten! Auf einer Party zum 40-jährigen Jubiläum des Punk!

Corre zog Konsequenzen. In der Zeitung kündigte er an, seine komplette Fünf-Millionen-Pfund-Sammlung an Punk-Devotionalien zum Jubiläumstag von »Anarchy in the UK« öffentlich zu verbrennen – T-Shirts, Poster, Autogrammkarten, Erstpressungen, Jeansjacken und noch viel mehr. Wenn es irgendwie geht, soll die Party vor dem Buckingham-Palast stattfinden. Die alte Frau hinter den Gardinen wird dann begreifen, worauf sie sich eingelassen hat. Corres Motto lautet: »Burn Punk London«. Der verlogene Mist soll in Flammen aufgehen.

Er sieht die Jubiläumsparty auch als Versuch, seine Kindheit zu kidnappen. In den Siebzigerjahren hatten Corres Eltern einen Modeladen in der King's Road in Chelsea, der erst »Let it Rock« hieß und später einfach nur »Sex«. Herrlich, wie sich damals alle aufregten, dass McLaren und Westwood an der King's Road Fetisch-Kram ausstellten. Corre genießt das immer noch. Als Junge hing er in dem Laden herum, zwischen den Künstlern, Musikern, Rebellen und Anarchisten, mit denen seine Eltern verkehrten. »Sex« war kein Klamottengeschäft, sondern ein Angriff auf die Oberschicht, die Kampfansage der Gegenkultur. »Punk war eine Bewegung, nicht nur Musik«, sagt Corre. Durch das Küchenfenster seiner Eltern flogen Steine. Das halbe Land hatte Angst vor ihnen. Sie wurden belagert und gehasst, selbst von den Nachbarn, die aus Nigeria und Pakistan stammten, so weit reichte die Panik. Er seufzt. Gute alte Zeit. Corre erkämpfte es sich hart, der Sohn des Punk zu sein.

Während er von früher schwärmt, überlege ich, ob er sich nicht in eine Schlacht wirft, die er längst verloren hat. Im Herzen ist

Corre Nostalgiker. Und Kapitalist. Seine Unterwäsche-Firma Agent Provocateur hat er längst gewinnbringend verkauft, derzeit kooperiert er mit Comme des Garçons, um eine Anzuglinie zu vermarkten. Vom Kampf, den Lias und Saul von Fat White Family führen, könnte er nicht weiter entfernt sein. Die Übertragungsrechte für »Burn Punk London« will er an den Meistbietenden verkaufen, vielleicht an den russischen Fernsehsender R-TV.

Der Punk wollte Freiheit nach England bringen und Selbstbestimmung, aber wie es aussieht, ist die britische Jugend desillusioniert wie lange nicht. Entweder man hat reiche Eltern oder eine Karriere in der City. Oder Pech und eine Menge Schulden. Einige Leute hoffen auf Jeremy Corbyn, den altlinken Labour-Chef, aber ein großer Teil der Jugend ist desinteressiert oder beißt sich in Bürojobs nach oben. Geblieben sind wohlhabende Punk-Veteranen wie Corre, die von den wilden Tagen träumen und ordentlich davon leben. Die Jungs von Fat White Family gehören nicht dazu.

Sie sind die Gegenbewegung zur Ironie-Elite, zur Schicht der reichen Kids, die immer weich fallen werden, egal welche Fehler sie machen. Saul und Lias bringen den Zorn in die Innenstädte zurück, zumindest ist das ihre Hoffnung. Eine neue Kampfansage, vielleicht. England hat sich verändert, das Establishment auch, aber bei einigen ist die Wut auf die Zustände nicht verschwunden. Punk war eine Bombe. Fat White Family sind eine Stinkbombe. Proper Shit. An der Bar in Portsmouth hatte Lias über seine Musik gesagt: »Ich will Eleganz finden im Verfall.« Der Punk ist nicht tot. Er riecht nur strenger.

Tory Boys

Wie der Parteinachwuchs der
Konservativen tickt

Wenn im September oder Oktober in einer mittelgroßen, mittelrelevanten britischen Stadt ganze Häuserblocks und Straßenzüge mit Bauzäunen, Sichtblenden, Polizisten und Wachpersonal umstellt werden, Limousinen anrollen und blasse Anzugträger ausspucken, die man vage aus dem politischen Programm der BBC kennt, kann das nur eines bedeuten: Parteitag. Funktionäre, Abgeordnete, Delegierte und Mitglieder von Labour über die Tories bis hin zur Schottischen Nationalpartei sammeln sich jedes Jahr im Herbst in den Hotels und Mehrzweckhallen des Landes, um ausgiebig die Partei, also sich selbst, zu erforschen und abseits des Alltagsgeschäfts die sogenannten großen Themen auszuloten, vor allem die Frage: Wie gewinnen wir die nächste Wahl?

Der Trick dabei ist, die jeweils um den Veranstaltungsort herumstehende Stadt möglichst effizient auszublenden. Das erleichtert erstens das Selbstgespräch, verstärkt zweitens das Gefühl der Auserwähltheit unter den Eingeschlossenen und verhindert drittens irritierende Begegnungen mit echten Bürgern jenseits des Zauns. Für die Funktionäre, die aus London anreisen, finden Parteitage deshalb immer gefühlt am selben Ort statt, nur die Fototapete im Hintergrund wechselt – mal ist Bristol zu sehen, mal Edinburgh –, aber eigentlich ist es irrelevant, wo man sich nach den Reden und Podiumsdiskussionen betrinkt. Hauptsache, das Bier ist warm und der Sekt kalt. Nicht zufällig hat im Englischen das Wort »party« zwei Bedeutungen: »Partei« und »Feier«.

Für den politischen Beobachter liegt der Vorteil von Parteitagen darin, dass er sich seinem Untersuchungsgegenstand unauffällig nähern kann. Quasi im Plauderton. An den Messeständen der Verbände, Stiftungen und Vereine in den Mehrzweckhallen trifft man Europahasser und -fans, Klimaskeptiker und -aktivisten, Atomkraftanhänger und -gegner, alte Sozialisten und junge Banker. Die Parteien liegen zum Sezieren bereit. Der Verband Britischer Buchmacher ist meist vertreten, die Regierung von Gibraltar, die Freunde von Israel (bei den Tories) und die Solidarkampagne für Palästina (Labour).

Diesmal sind die Konservativen in Manchester eingefallen. Ich habe mich recht kurzfristig entschlossen hinzufahren – keine gute Idee, da die Hotels in der Innenstadt alle von Parteileuten, Lobbyisten und der BBC belegt sind. Das einzige Zimmer, das ich bekomme, liegt über einer Schwulenbar im Ausgehviertel, mit drei Einzelbetten und einem Bad von der Größe eines Überseekoffers. Nachts stolpere ich über einen Schotten, der vor seiner Zimmertür auf dem Flur schläft, weil seine Kumpels mit dem Schlüssel irgendwo in einer Disko abgetaucht sind und die Rezeptionistin längst Feierabend hat. Wenigstens ist es von meinem Hotel nicht weit bis zum Manchester Central Convention Complex, wo sich die Konservativen treffen.

Der Eingang zum Parteitag am nächsten Morgen ist nicht schwer zu finden, man muss nur dem Gebrüll folgen: »Tory-Schweine, Tory-Abschaum!« Als ich ankomme, werfen linke Aktivisten gerade rohe Eier auf den Parteinachwuchs, der das erstaunlich gelassen hinnimmt. Vermutlich ist es in die DNA jedes Tories eingeätzt, vom halben Königreich für einen herzlosen Kapitalisten

gehalten zu werden. Deshalb wundert sich niemand über die Attacken. Beim einen oder anderen Delegierten blitzt sogar Triumphgefühl in den Augen, als wäre der Hass der Demonstranten eine Auszeichnung. Ein junger Konservativer wischt sich den zerplatzten Dotter erst vom Scheitel, als auch der letzte Fotograf begriffen hat, wer hier Opfer und wer Täter ist.

Drinnen in der Halle herrscht eine Atmosphäre fröhlicher Belagerung. Ich tue, was jeder Journalist tut, und schaue, was es umsonst gibt. Leider nur Schlüsselanhänger, Kugelschreiber, Prospekte und den »Daily Telegraph«. Das größte Gedränge herrscht vor dem Schießstand der »Vereinigung für Schießen und Naturschutz«, BASC, wo man mit einer umgebauten Flinte auf virtuelle Fasane zielen darf, die auf eine Leinwand projiziert werden. Der Verband hat 140 000 Mitglieder. Ich erfahre, dass 97 Prozent von ihnen der Aussage zustimmen: »Schießen verbessert mein Wohlbefinden.« Schön, dass wir reden konnten.

Dann sehe ich am Eingang zwei junge Männer, die offenbar auch unsicher sind, wie sie die Zeit bis zu den großen Reden herumbringen sollen. Ratlose Blicke unter Seitenscheiteln. Den einen könnte man mit seinem bunten, vertikal gestreiften Jackett für einen englischen Quizmaster aus den Achtzigerjahren halten, den anderen für den Privatsekretär von Prinz Charles. Gute Gelegenheit, die mutmaßliche Führungsriege von morgen kennenzulernen. Kaffee, Wein, Gin and Tonic? Schulterzucken auf der Gegenseite. Äh ja. Tee, bitte.

Alessandro, der diskretere der beiden, stammt aus der Grafschaft Hertfordshire, nördlich von London, und trat mit 16 Jahren den Konservativen bei. Jetzt ist er 19, an der St. Andrews University für Kunstgeschichte eingeschrieben und steht mit einer Hundekrawatte, schwarzen Bommel-Lederslippern und einem Tweed-Jackett auf dem Tory-Parteitag, um David Cameron zuzuhören. Was lief da schief, oder anders gefragt: wieso die Tories? »Zu Hause lasen wir konservative Zeitungen, meine Mutter war engagiert in der Partei.« Für ihn ist »rechts« kein Schimpfwort, sondern eine Positionsbeschreibung.

Sein Kumpel Marcus ist 20, Arztsohn und stammt aus Perth in Schottland. Man will bei ihm instinktiv eine Pferdewette abschließen, wenn man ihn in seiner terracottafarbenen Stoffhose, dem Show-Blazer und der schwarz-gelben Krawatte sieht, aber auch er ist überraschenderweise wegen der Politik hier. Er studiert in St. Andrews Geschichte, ist seit fünf Jahren Parteimitglied und wirkt mit seinem bereits jetzt dünner werdenden Deckhaar wie der prototypische Hinterzimmer-Tory. Als ich ihn und Alessandro später bitte, sich für ein Foto hinzustellen, breitet er die Hände aus wie damals Guttenberg am Times Square, eine Geste zwischen Weltumarmer und Gebrauchtwagenhändler.

Wir setzen uns auf die Steinstufen seitlich an der Kongresshalle. Mich überrascht, wie klar und unironisch die beiden über Politik reden, in einer Phase, in der die meisten ihrer Altersgenossen linke Sarkastiker sind. Marcus sagt, der wichtigste Grund für ihn, den Konservativen beizutreten, sei Margaret Thatcher gewesen. Er spricht über die ehemalige Premierministerin wie über die amtierende Vorsitzende, obwohl er sie hauptsächlich von YouTube-Videos kennt. »Ich bewundere sie, weil sie die richtige Strategie verfolgte und eine spannende Persönlichkeit war. Ich bin Konservativer, weil ich an Freiheit glaube.« Ja, er ist wirklich erst 20. Er habe sich mit allen Parteien beschäftigt, aber Labour sei ihm zu internationalistisch und die Liberalen seien ihm nicht liberal genug. »Neben Thatcher bin ich aus zwei weiteren Gründen den Tories beigetreten: Heimatliebe und Freiheit.«

Alessandro sagt, der Kapitalismus habe gewonnen. Marcus sagt, nur die Tories hätten Gefühle. Die beiden sehen sich auf der Siegerseite. Labour werde sich von der Niederlage bei den letzten Parlamentswahlen und dem Desaster, den Altlinken Jeremy Corbyn als neuen Parteivorsitzenden zu haben, so schnell nicht erholen. Aus ihrer Sicht ist der Sozialismus überwunden. Fast ein bisschen schade eigentlich.

Gib es noch ernstzunehmende Gegner? »Nun, ich bekam neulich eine Todesdrohung«, sagt Marcus. »Sie stammte von einer sehr jungen Kommilitonin. Alessandro, hattest du nicht auch eine Drohung? Von dieser Amerikanerin, die meinte, du solltest an Krebs sterben?« Anyway. Das sei aber wirklich eine Minderheit in St. Andrews. Von solchen Ausnahmen abgesehen verfüge die Universität über eine mehrheitlich konservative Studentenschaft, man sei also unter Freunden.

Der Wind weht Protestgeschrei herüber. Alessandro sagt: »Die Linken haben das Problem, dass sie nicht von Leidenschaft und Liebe angetrieben sind, sondern von Neid und Hass. Sie sind zornig über die herrschenden Zustände.« Er schüttelt den Kopf. Die Wut hinter dem Zaun lässt ihn gerade ein wenig traurig werden.

Schon Pläne für die Zeit nach der Uni?

»Zunächst etwas mit Jura oder ein Job in der Finanzwelt«, sagt Marcus. »Wir haben alle ›The Wolf of Wall Street‹ gesehen, oder? Wer danach nicht in die City will, dem fehlt Phantasie.« Kurze Pause. Vielleicht hat er, wie ich gerade, die Filmszene mit Leonardo DiCaprio als Jordan Belfort vor Augen, dem Wolf der Wall Street, wie er vor der Skyline von Manhattan mit Bikinimädchen im Arm auf einer Yacht sitzt. Marcus seufzt. Womöglich fällt auch ihm die Text-Bild-Schere auf. Er sagt: »Machen wir uns nichts vor, dafür bin ich zu old-fashioned.«

Das große Kunststück der Tories besteht ja darin, Parteinachwuchs zu rekrutieren, der bereits kurz nach der Geburt stark auf die 50 zugeht. Wer zufällig einen guten Schwiegersohn braucht, muss hier nicht lange suchen. Meine letzte Frage krame ich aus dem billigen Fundus pseudoprovokanter Bewerbungsgesprächssituationen hervor, was in diesem Fall aber völlig angemessen ist. Die beiden Jungs malen sich in St. Andrews bestimmt täglich ihre Karriereverläufe aus.

Also: Wo seht ihr euch in 20 Jahren?

Marcus sagt: »Ich wäre Tory-Abgeordneter für einen schottischen Wahlkreis, idealerweise Perthshire. Notfalls Aberdeen. Hätte ich gerne einen Ministerposten? Of course. Gesundheit oder Finanzen. Verteidigung könnte interessant sein.«

Alessandro sagt: »Junior-Minister, am besten im Innenministerium. Verteidigung macht sicher auch Spaß.«

Zum Abschied lasse ich mir die Handynummern der beiden geben. Man weiß ja nie.

Hechte angeln

Klavierstunde mit dem Ex-Chefredakteur
des »Guardian«

Es ist einer dieser verhangenen, nieseligen Augusttage, an denen England tröpfchenweise zum Klischee zerrinnt, als Alan Rusbridger seinen Volvo auf den Bahnhofsparkplatz von Moreton-in-Marsh steuert. Man erkennt ihn schon durch das regenverschmierte Seitenfenster: Schlabberpulli, Bettfrisur, Harry-Potter-Brille, auch der ehemalige Chefredakteur des »Guardian« gibt sich an diesem Vormittag Mühe, seinem Klischee zu entsprechen. Halb amüsierter, halb schläfriger Blick aus Reporter-Augen, die einen beträchtlichen Teil der Welt gesehen haben. »Morning«, nuschelt es vom Fahrersitz, gefolgt von einem überraschend herzhaften Druck aufs Gaspedal.

Wer Rusbridger zufällig mal im Fernsehen gesehen oder in der morgendlichen Redaktionskonferenz erlebt hat, könnte ihn für alles halten, nur nicht für einen Freund der Geschwindigkeit. 20 Jahre lang leitete er den »Guardian«, das Leib- und Magenblatt aller wohlmeinenden Nord-Londoner Linksliberalen, Gewerkschaftsfunktionäre, Guttäter. Vom Phänotyp her eher Archivar als rasender Reporter, mehr Bernhardiner als Bulldogge, ein Zeitungsmann, der behutsamer und auch zerknitterter auftritt als die glatten Alphatiere in den übrigen Chefetagen Londoner Medienhäuser.

Rusbridger tritt den Volvo wie einen räudigen Hund. Wir fliegen um Biegungen, durch Dörfer, über Hügel, die Landschaft verschwimmt zu einem Gerhard-Richter-Bild. Einmal zischt Rusbridger so knapp an einem entgegenkommenden Sainsbury-Lkw vorbei, dass man das Weiß in den Augen des anderen Fahrers erkennen kann.

Moreton-in-Marsh ist anderthalb Stunden mit dem Zug von London-Paddington entfernt und liegt in den Cotswolds. Die ländliche Infrastruktur dieser Gegend besteht vor allem aus Hecken, Schlaglöchern und viel zu engen Straßen, die für den Kutschverkehr im 18. Jahrhundert funktioniert haben mögen, nicht aber für einen Journalisten mit einem als Familienfahrzeug getarnten Rennwagen. Ich versuche gerade, den Gedanken festzuhalten, dass genau hier, am Lenkrad, vermutlich der wahre Rusbridger zum Vorschein kommt, der riskante, am Ende vielleicht sogar todesverachtende Journalist, als ich zum dritten Mal im Fußraum die Phantombremse durchtrete.

Ein Freund der Beschleunigung also. Später wird Rusbridger erzählen, dass er in Panikmomenten äußerlich kühl und gelassen bleibt, aber innerlich kocht wie alle anderen. Das bezieht sich zum einen auf den Wahnsinn des journalistischen Alltags, wo ein 28-jähriger Ex-Mitarbeiter der NSA mit einigen Gigabyte Geheimdokumenten an die Bürotür klopft; zum anderen aber auf den Langzeitstress, ein etwas gemächliches britisches Blatt zu einem Weltmedium um- und auszubauen, das Geld nicht verbrennt, sondern verdient. Im Mai 2015 trat Rusbridger aus eigenem Willen ab. In seiner Karriere, vor allem in den letzten fünf Jahren als Chef, stand er auf ziemlich allen Gipfeln und durchschritt alle Täler des Journalismus. Seine Redaktion zog weltexklusive Stories an Land wie WikiLeaks und die Snowden-Enthüllungen, führte einen erfolgreichen, aber kraftzehrenden Feldzug gegen den australischen Medien-Oligarchen Rupert Murdoch, bekam die höchste Auszeichnung (den

Pulitzer-Preis für die Snowden-Geschichten) und musste gleichzeitig Sparrunden beschließen und gegen eine rückläufige Auflage kämpfen.

Andere wären im Irrenhaus gelandet, Rusbridger setzte sich ans Klavier und spielte Chopin.

Er bremst vor seinem Garagentor, zum Glück rechtzeitig. Wir hatten verabredet, nicht über Journalismus zu reden, nicht ausschließlich jedenfalls, sondern über klassische Musik – ein Gebiet, auf dem sich der Interviewte hervorragend und sein Interviewer gar nicht auskennt. Gute Voraussetzung also für eine steile Lernkurve. Rusbridgers Buch »Play it again – Ein Jahr zwischen Noten und Nachrichten« wurde gerade auf Deutsch veröffentlicht. Darin beschreibt er seinen Kampf mit dem vermutlich komplexesten Klavierstück, das die Musikgeschichte einem Amateur wie ihm bietet: Chopins Ballade Nr. 1. Er hatte sich vorgenommen, die Ballade in einem Jahr fehlerfrei zu beherrschen, nichts weniger als das. Ein Hobby-Pianist gegen das musikalische Matterhorn, Underdog gegen Angstgegner – ein guter Reporter weiß, wie man Spannung aufbaut. Und das, während die arabische Revolution begann, Julian Assange mit dem »Guardian« über die Veröffentlichung der Wiki-Leaks-Dokumente verhandelte und die Redaktion in unzähligen weiteren großen Geschichten feststeckte.

Rusbridger bittet in einen kleinen Anbau gegenüber dem Wochenendhaus der Familie, in sein Klavierzimmer. Es ist ruhig hier, man hört nur das leise Plätschern eines Bächleins. Er komme leider nicht mehr so oft zum Üben, sagt Rusbridger. Ein kurzer Rechercheblick durchs Zimmer genügt zur Bestätigung: Der Steinway liegt unter einer weißen Stoffdecke, der Samsung-Flachbildfernseher und die DVDs dagegen nicht.

Ich hatte Rusbridger im Spätsommer 2013 für ein SPIEGEL-Interview zum ersten Mal getroffen, nicht lange nach den ersten Snowden-Enthüllungen. Der »Guardian« hatte darüber berichtet,

dass der britische Geheimdienst in die Redaktion gekommen war, um die Zerstörung von Festplatten zu überwachen – eine selbst für hartgesottene englische Journalisten überraschende Wendung. Eine junge Assistentin mit tätowierten Unterarmen hatte mich damals in ein Büro neben dem Newsroom geführt, wo ihr Chef gerade, ja, wirklich: nichts machte. Er hackte weder auf eine Computer-Tastatur ein, noch brüllte er ins Telefon oder einen seiner Reporter zusammen, er las auch keine Akten. Er saß einfach nur am Schreibtisch. Erster Gedanke: Selbst hier, im Auge des Orkans, wird offensichtlich prokrastiniert, vom Chef persönlich.

Ich machte eine etwas zu enthusiastische Bemerkung über den Blick aus dem Bürofenster (Kanal, Enten, Backsteinhäuser), als Rusbridger an die Scheibe trat, Luft holte und so tat, als würde er gleich ein Geheimnis verraten, das nur er kennt und niemand sonst.

»Man kann hier manchmal Zigeuner beim Angeln beobachten«, sagte er.

Ah, ja? Was fangen die Zigeuner?

»Hechte.«

Dann sank er wieder zurück in seine belustigte, melancholische Stille, die man überall zu finden glaubte, nur nicht im Motor einer Nachrichtenmaschine. Rusbridger kam mir in diesem Augenblick weniger wie ein Boss vor, mehr wie ein tagträumender Feuilletonist, der im falschen Büro gelandet war. Welcher Chefredakteur schaut heute noch aus dem Fenster? Rusbridger hat 37 Berufsjahre als Reporter, Ressortleiter und Chefredakteur hinter sich, trotzdem ist ihm das Gefühl für die Absurditäten des Lebens nicht verlorengegangen. Hechte angeln, mitten in London. Und ist nicht genau das der Job des Reporters: in dunklen Kanälen fischen, jeden Tag, und dabei möglichst große Dinger an Land ziehen?

Rusbridger wurde in Nordrhodesien geboren, dem heutigen Sambia, wo sein Vater als Kolonialbeamter das Bildungssystem verbessern wollte. Mit fünf betrat Rusbridger zum ersten Mal englischen Boden. Vielleicht hat ihm die eigene Migrationsgeschichte den fremden Blick bewahrt, so erklärte ich mir das damals. Er wirkt wie ein Einsiedler. Bis heute ist er niemand, der um jeden Preis dazugehören will. Nicht zur Klasse der selbstzufriedenen britischen Linksintellektuellen, obwohl er in Oxford Englische Literatur studierte; nicht zur Medienelite, obwohl er als Chefredakteur zuletzt knapp 300 000 Pfund im Jahr verdiente; auch nicht zum Club der Londoner Zeitungsbarone, die sich gerne wie beißwütige Hunde geben, aber in Fragen der Sicherheit und der Geheimdienste doch vor der Regierung in Deckung gehen. Ich glaube, Rusbridger hat sich das Staunen und die innere Unabhängigkeit des Jungen erhalten, der als Immigrant auf die Insel kam.

Für die linksliberale, anti-elitäre Mitte des Landes war er ein Säulenheiliger. St. Alan. Viele in seiner Redaktion beteten ihn an. Für seine Reporter war Rusbridger der Sonnenkönig, weil er Journalist geblieben ist und kein Manager wurde, und genau deshalb weiß, dass eine gute Geschichte Geld kostet. Er sagt, er habe eine

»offene und freie« Zeitung schaffen wollen, »open and free«, wobei man das »free« auch als gratis interpretieren kann. Alle Artikel, die in der gedruckten Zeitung erscheinen, stehen so oder ähnlich kostenlos auf der Homepage. Sein »Guardian« sollte für alle zugänglich sein, man könnte es eine Philosophie nennen, aber es gibt auch Leute, die das als Ideologie beschreiben. Unbestritten ist, dass Rusbridger keine Kosten scheute, um die Zeitung auszubauen und die internationale Expansion voranzutreiben. In den letzten drei Jahren unter seiner Ägide stellte der »Guardian« 480 neue Mitarbeiter ein. Eine Zeitung, die in der Krise Geld ausgibt – kein Wunder, dass Rusbridger bei seinen Leuten so beliebt war.

Über Jahrzehnte war die britische Presse in rechts und links gespalten, wie die Politik, und noch heute merkt man den Zeitungen ihre ideologische Nähe an, wenn auch in milderer Form als früher. Die meisten Redaktionen geben ihren Lesern vor Wahlen Empfehlungen, für welche Partei sie stimmen sollen. Zwölf englischsprachige Zeitungen erscheinen in London von Montag bis Freitag, jede einzelne ist gezwungen, sich von den anderen abzuheben, mit härteren Scoops, exklusiveren Interviews, schärferen Kommentaren, knalligeren Schlagzeilen. Rusbridgers Konkurrenten lächeln über den »Guardian« und den Ton moralischer Rechtschaffenheit, den das Blatt kultiviert. Dazu kommt, dass der »Guardian« seit Jahren schon ständig und immer wieder Geschichten über andere britische Medien druckt, die ihn bei der Konkurrenz nicht beliebter machen, zum Beispiel Enthüllungen über illegale Abhörmethoden bei der Boulevardpresse. Die »News of the World«, einst älteste Sonntagszeitung des Landes, machte Rupert Murdoch nach »Guardian«-Berichten über deren Spionagemethoden 2011 dicht. Rusbridger hat neben Murdoch, dem Erzfeind, noch eine Menge weiterer Gegner in London, etwa die »Daily Mail«, den »Telegraph« und andere.

Und dann auch noch Chopin. Ich frage mich, ob er seine Außenseiterrolle im Medienbetrieb nicht manchmal übertreibt. Hatte er dafür überhaupt Zeit? Die »Guardian«-Auflage fiel seit Mitte der Nullerjahre drastisch, der Verlag machte Verluste, die die Anzeigen auf der Webseite nicht kompensieren konnten. Eigentlich gab es genug zu tun. Rusbridger lehnt sich auf dem Sofa zurück und sagt, andere Chefredakteure hätten ebenfalls Hobbys zum Ausgleich – schwimmen, laufen, golfen. Der frühere Chef der »Sunday Times« schrieb leidenschaftlich übers Skifahren. Warum nicht Chopin? Die Zeit am Flügel habe er sich vom Schlaf abgespart, 20 Minuten, jeden Morgen. Als wäre dafür keine Disziplin nötig, als hätte er deshalb seinen Job vernachlässigt.

Es klopft an der Tür. Lindsay, seine Ehefrau, stellt ein Tablett mit Käsebrötchen auf den Tisch. In der Kaupause denke ich, dass Rusbridger sich in seinem Buch wie der prototypische Amateur darstellt, der unter widrigen Umständen eine scheinbar unmögliche Aufgabe lösen will. Eine sehr britische Figur, vergleichbar mit den Abenteurern des 19. und 20. Jahrhunderts, die sich zum Südpol vorkämpften und sich durch den Dschungel schlugen, Männer wie Ernest Shackleton oder Henry Morton Stanley. Vielleicht ist St. Alan doch nicht der Außenseiter, für den man ihn hielt, womöglich ist er viel britischer als gedacht. Im Gegensatz zu Shackleton und Morton Stanley suchte er das Abenteuer zwar nicht in der Wildnis, aber die Herausforderungen waren ähnlich: Selbstdisziplin und die Überwindung der Angst vor dem Scheitern. Ein Selbstversuch hat dabei den Vorteil, dass man als Reporter sehr nah an der Hauptfigur ist.

Je größer der Stress im Job wurde, sagt Rusbridger, umso mehr habe er sich nach dem Klavier gesehnt. Es wurde eine Sucht. Wie Joggen oder Meditieren. Auch nicht schlecht, dass einer gelassen bleibt, wenn um ihn herum alles auseinanderfällt, oder zumindest den Anschein von Gelassenheit erweckt. Für ihn sei es beruhigend gewesen, sich einer Aufgabe widmen zu können, die lösbar schien.

2011 passierte so eine Geschichte, als er nach Libyen fuhr. Einer seiner Nahost-Reporter war dort in den Wirren des Arabischen Frühlings im Knast gelandet, Rusbridger reiste persönlich an, um seinen Mann zu befreien. Noch so ein britisches Abenteuerdrama. Hätte ein deutscher Chefredakteur sich das jemals getraut? Der Aufstand gegen Gaddafi war in vollem Gang, Tripoli wurde zerfetzt von Schüssen und Granaten, und Rusbridger saß im Hotel fest, ohne Handy, ohne Internet, und wusste inmitten der ohrenbetäubenden Stille nicht, was er anfangen sollte. Gaddafis Leute ließen ihn tagelang zappeln. Dann sah er den Flügel. »Er stand auf einem Podest oberhalb des Restaurants. Das Hotel war riesig und luxuriös, mit Kronleuchtern und Marmorböden und riesigen Hallen, allerdings waren kaum Gäste da. Eine ziemlich absurde Kulisse. An diesem Tag machte das Üben ausnahmsweise Spaß.« Ein guter Reporter hat auch ein Gefühl für die richtige Kulisse.

Erst allmählich sei ihm klargeworden, worauf er sich mit Chopin eingelassen hatte. Um die Ballade zu beherrschen, musste er sie sezieren und auseinandernehmen, sie in Einzelteile zerlegen wie ein kompliziertes Räderwerk, in Sätze, Arpeggios, Skalen. Schwierige Sequenzen übte er stundenlang, tagelang, bis sie saßen. Erst den ruhigen, melancholischen Beginn, dann den heiteren Walzer in der Mitte und schließlich das gefürchtete Ende: die Coda, die Teufelspassage. »Ich habe noch nie ein derart seltsames Stück Musik erlebt«, sagt Rusbridger. »Die Coda packt dich völlig. Sie ist romantisch, leidenschaftlich, hoffnungslos oszillierend zwischen Euphorie und Verzweiflung. Sie gewinnt die Kontrolle über deinen Körper.« Wie eine irr gewordene Liebende, der man sich zu Füßen werfen muss. Wahnsinn und Kontrollverlust – kann man sich besser vom Nachrichtengeschehen ablenken?

In seiner Besessenheit, noch das winzigste Detail verstehen und beschreiben zu können, traf er Profi-Pianisten, Dirigenten, Neurowissenschaftler und sogar die frühere amerikanische Außenministerin Condoleezza Rice, ein Chopin-Fan auch sie. Condi sagte ihm, sie habe die Ballade mit 18 gelernt und fand sie technisch gar nicht so schwierig. Auch für sie war das Klavierspielen der Versuch einer Entlastung vom Alltagsstress, wie bei Rusbridger. Mit dem Unterschied allerdings, dass sie als Sicherheitsberaterin und Außenministerin unter George W. Bush Kriege verantwortete, Rusbridger dagegen Zeitungsartikel.

Natürlich kann bei Rusbridgers Plan, Chopin zu bezwingen, eine späte *midlife crisis* nicht ausgeschlossen werden. Das Äquivalent für die Harley oder die Everest-Besteigung. Am Ende riss er seine Zeitvorgabe, er brauchte 18 Monate statt zwölf, um die Ballade auswendig spielen zu können. Zumindest darf er von sich behaupten: Ich habe den Gipfel erreicht. Das Besondere an dem Buch ist, dass der Autor keinen Hehl aus seiner Ungeduld macht, aus den Zweifeln, der Frustration und dem bedingungslosen Neid auf größere Talente. Gefühle, die einem Reporter nicht fremd sind.

Rusbridgers Zeitung geht es auch nach seinem Abgang nicht besser als der Konkurrenz. Seine Nachfolgerin Katharine Viner kündigt wenige Monate nach seinem Abtritt an, Hunderte Stellen zu streichen. Laut »Financial Times« machte der »Guardian« zwischen 2007 und 2016 einen Verlust von 418 Millionen Pfund. Rusbridger wehrt sich gegen Vorwürfe, er habe die Expansion zu schnell, zu undurchdacht und ohne Rücksicht auf die hohen Kosten vorangetrieben. Er sagt, die digitalen Werbeumsätze seien gestiegen, das gebe ihm teilweise recht.

Rusbridger wirkt entspannt an diesem Mittag. Er erzählt, dass er gerade an einer langen Geschichte für den »New Yorker« über die Barclay-Brüder arbeite, zwei erzkonservative Milliardäre, denen unter anderem der »Daily Telegraph« gehört und die zurückgezogen auf einer kleinen Insel im Ärmelkanal leben. Ein Reporter braucht gute Feinde. Zwei Dutzend Interviews mit Mitarbeitern und Insidern habe er geführt, sagt Rusbridger. Es ist wie früher.

Er steht auf und geht zum Klavier. »Wollen Sie mal hören?« Seit über einem Jahr hat er die Ballade Nr. 1 nicht gespielt. Er setzt an, die ersten Takte klingen rund, dann verliert er sich, beginnt neu, bricht wieder ab. Fünf, sechs Minuten hangelt er sich durch das Stück, aber die Übergänge gelingen ihm nicht mehr. Schließlich gibt er auf. Am Ende schaut er einige Sekunden lang auf die Notenblätter wie auf ein Geheimnis, das er gelöst hatte, das ihm aber wieder entschwunden ist. Dann schlägt er die Decke über den Flügel.

In der Matrix

Ein Tag auf der Computerspielemesse Insomnia
in Birmingham

Russ steuert seinen Wagen an Bäumen und Felsen vorbei, bremst, kommt zum Stehen, zieht vier neue Reifen auf, brettert eine Düne hoch, schaut rechts und links, entdeckt am Horizont ein Materiallager, hält darauf zu – und wird von einem größeren Fahrzeug mit stärkeren Bordwaffen umgemäht: Game over.

Es war eindeutig seine Schuld, keine Diskussion. Russ hat nicht aufgepasst, denn er musste gleichzeitig einem Zehnjährigen erklären, wie man den Wagen mit Maus und Tastatur lenkt. Sonst hätte er natürlich länger durchgehalten, völlig klar. Er hat das Spiel ja selbst erfunden. Russ Clarke entwickelt als Computerspieldesigner digitale Wirklichkeiten, schafft Leben, baut Planeten. Die Welt, die er zuletzt entworfen hat, heißt »TerraTech«. Russ programmiert die Matrix. Das Ziel als Bewohner von »TerraTech« ist, mit einer Fahrzeugflotte einen Planeten zu erforschen und dessen Ressourcen auszubeuten, sich gegen Konkurrenten zu verteidigen und die Fahrzeuge schrittweise weiterzuentwickeln. Konkret heißt das, die unförmigen Dinger mit schwereren Rädern auszustatten, stärkeren Waffen, leistungsfähigeren Radargeräten, und am Ende – nein, es gibt kein Ende. Man kann 1000 Stunden lang »TerraTech« spielen und noch immer über den Planeten jagen, auf der Suche nach

Ersatzteilen, neuen Gegnern, noch mehr Rohstoffen. Ein gutes Spiel, auch für Kolonial-Nostalgiker.

Meine Sozialisation mit Computerspielen begann Anfang der Neunziger mit »Leisure Suit Larry«, wo man zu Anfang noch drei Fragen beantworten musste, um zu beweisen, dass man tatsächlich über 18 und damit alt genug war, um die pixelige Pseudoerotik zu ertragen. Die Handlung ließ sich mit schriftlichen Befehlen über die Tastatur beeinflussen. Etwa zehn Jahre später endete meine Spielerkarriere mit dem fünften Teil der »Monkey Island«-Saga. Irgendwann fängt man eben an, in Bars und Diskotheken statt in Kinderzimmern herumzuhängen, in der absurden Hoffnung, an der Theke und auf der Tanzfläche größere Abenteuer zu erleben als vor dem Bildschirm. Leider sind deshalb auch die Ego-Shooter, Autorennen, Weltraum-Rollenspiele und Besiedlungssimulationen der vergangenen zehn Jahre an mir vorübergegangen. Disko killed the video games, zumindest für mich.

Russ startet das Spiel neu. Er sitzt vor einem Bildschirm in Halle

1 des NEC-Messegeländes in Birmingham und konnte den Zehn-jährigen zum Glück loswerden. Die Halle ist dunkel und stickig. An Essensständen kann man Burger mit Pommes kaufen, Frittierfisch mit Pommes, Lasagne mit Pommes. Und Cola. Computerlüftungen surren. Die Luft schmeckt nach Axe-Sprühdeo und Jungsschweiß. Wie früher im Kinderzimmer. Allerdings mit dem Unterschied, dass sich die Jungs hier nicht mehr in pixeligen Schwarz-Weiß-Welten bewegen, sondern in aufwändig animierten Galaxien gegeneinander kämpfen, auf Phantasieplaneten. Insomnia ist eine der größten Computerspielemessen der Insel, hier treffen Entwickler auf Fans, Designer auf Konsumenten, Dealer auf Junkies.

Die britische Computerspiel-Industrie ist der Sieg des Kinder-zimmers über die Ernsthaftigkeit, der Triumph von Peter Pan über die Langeweile. Kein zweites europäisches Land spuckte in den ver-gangenen Jahrzehnten derart viele, derart ansteckende Blockbus-ter aus wie Großbritannien, an kaum einem anderen Ort entstehen und verglühen so viele Studios und Stars in so kurzer Zeit. Eng-land ist Game Country. Der Markt für Computerspiele war 2015 doppelt so groß wie der für Musik, und das, obwohl Great Britain, Heimat der Beatles, die Wiege der Popmusik ist. Die fünfte Version von »Grand Theft Auto«, ursprünglich entwickelt im schottischen Edinburgh, brachte innerhalb von drei Tagen eine Milliarde Dollar ein, weltweit, das Spiel zog an den Einnahmen von »Titanic« vorbei und näherte sich denen von »Avatar«, dem umsatzstärksten Werk der Kinogeschichte. Spiele haben längst Musik und Film als Pop-Medium der Gegenwart überholt, und die britische Insel ist auch in diesem Genre mal wieder führend.

Russ sagt, die Lust am Ausprobieren, Schrauben, Löten, Tüf-teln spiele eine große Rolle. Beim Entwickeln digitaler Welten wür-den Erfindergeist, Spieltrieb und Risikofreude perfekt ineinander-fließen, er hält das für sehr britische Eigenschaften. Ich glaube, dass auch das Wetter und die Tristesse einer durchschnittlichen englischen oder schottischen Kleinstadt enormes Potenzial für Realitätsflucht bieten. Aber ein kurzer Blick in die Geschichte genügt, um zu verstehen, was hier in den vergangenen Jahrzehnten tatsächlich passierte.

Es gab wenige Länder, die enthusiastischer auf Computer reagierten, als Großbritannien. Kein westliches Land verteilte Ende der siebziger, Anfang der Achtzigerjahre mehr Rechner an Schulen, der politische Wille war also da, die Jugend mit der nötigen Hardware auszustatten. Ausgerechnet Margaret Thatcher, die eiserne Lady, trieb die elektronische Erneuerung voran, das war Teil ihres Plans, das Land in die Zukunft zu steuern, weg von der Schwerindustrie. Nirgendwo sonst machte eine Regierung mehr Werbung für Informatik, schreibt der Historiker Dominic Sandbrook in seinem Buch »The Great British Dream Factory«. Den Rest, die Software also, nahmen die Kids selbst in die Hände.

Ein weiterer Grund für die britische Computer-Euphorie ist Clive Sinclair, ein bebrillter, halbglatziger Technikpionier aus West-London. Sinclair ist eine Unternehmerlegende auf der Insel, ein Elektro-Exzentriker. Anfang der Achtzigerjahre erschuf er mit seiner Rechenmaschine ZX80, Einstiegspreis 99,95 Pfund, einen Massenmarkt für Computer. Das Problem war, dass Sinclairs Maschine für sich genommen noch nicht wahnsinnig aufregend war, und beliebte Spiele wie »Space Invaders« oder »Pac-Man« aus Japan und den USA weder auf dem ZX80 liefen, noch auf dem BBC Micro, der ähnlich weit verbreitet war. Die Briten mussten sich selbst etwas einfallen lassen. Zahlreiche bedroom programmers, kleine Leuchten aus dem Kinderzimmer, machten sich an die Arbeit und entfachten das Feuer.

Eines der ersten Spiele für den BBC Micro hieß »Elite«, erschienen 1984, entwickelt von zwei Cambridge-Studenten. Es war, wenn der Historiker Dominic Sandbrook recht hat, im Rückblick einflussreicher als sämtliche Rock-Alben der Dekade. Als Spieler war

man Kommandeur eines Raumschiffs und musste feindliche Schiffe bekämpfen, Handel mit fremden Planeten treiben, Asteroiden ausbeuten, militärische Missionen erfüllen. Es galt, in ferne Galaxien vorzudringen. Mal wieder ein Kolonialabenteuer. Es schien, als würden die Programmierer das, was ihre Vorfahren mit dem Empire verloren hatten, im Digitalen nachbauen. »Elite« ebnete den Weg für ein ganzes Universum neuer Spiele. Grafikkarten wurden besser, Prozessoren schneller, und die Unterhaltungsindustrie begriff plötzlich, auf welche Goldader sie gestoßen war. »Need for Speed« folgte, ein Autorennen, unter anderem entwickelt in Guildford, Surrey. »Lemminge«, das Suchtspiel der Neunzigerjahre, wurde über einem Imbiss in Dundee erfunden, in Schottland.

Russ ist einer der Männer, die heute dafür sorgen, dass der Nachschub an Ideen nicht abreißt. Er trägt Jeans, Turnschuhe, Vollbart und leitet das Payload-Studio in London mit zwölf festen Programmierern, Designern und Kundenbetreuern, und ungefähr noch mal so vielen freien Mitarbeitern. Die Firma ist Teil der

Independent-Szene, einer Subkultur der Spiele-Industrie, aus der die großen Erfolge wachsen. Wie die meisten seiner Kollegen fing Russ an, sich aus der Nutzerperspektive mit Spielen zu beschäftigen, als Achtjähriger. Später baute er an zahlreichen Spielen mit, »Metal Gear«, »Call of Duty«, »Resident Evil« und »Tomb Raider«, bevor er sein eigenes Unternehmen gründete.

Heute ist er selbst ein Dealer, einer der großen Fische. Seit 17 Jahren produziert und liefert er Betäubungsmittel, aber so sieht Russ seine Rolle nicht. Er sagt, es gehe nicht um die Befriedigung einer Sucht, sondern um Begeisterung und Phantasie, ein gutes Spiel ist ja immer ein Kopfsprung ins Ungewisse. Was kann aufregender sein für ein Kind?

Wir laufen durch die Retro-Zone in Halle 1, wo auf langen Tischreihen klotzige Neunzigerjahre-Bildschirme stehen, auf denen alte Spiele laufen. »Leisure Suit Larry« suche ich vergeblich. Russ zeigt auf die Jungs mit Kopfhörern vor den Schirmen, die »Streetfighter I« spielen, »Pac-Man« oder »Super Mario«: Genauso sei er damals gewesen, glasäugig, fasziniert, auf dem Stuhl festgeklebt. Vor dreieinhalb Jahren hatte er die Idee zu »TerraTech«. Das Geld für die Entwicklung kratzte er sich bei Freunden und Verwandten zusammen, zusätzlich sammelte er über die Crowdfunding-Plattform Kickstarter 40 000 Pfund. Ein weiteres Beispiel dafür, wie effizient Cambridge den Unternehmergeist und die Risikofreude seiner Absolventen fördert. Die Zielgruppe von »TerraTech« sind Sechs- bis Zwölfjährige, aber Russ' Messestand wird verdächtig oft von Vätern besucht, die ihren Söhnen über die Schulter schauen und gutgemeinte Tipps geben, bevor sie ihren Nachwuchs zur Seite schieben und selbst zur Tastatur greifen.

Computerspiele sind Sofasport, das ist das Schöne daran. Man kann Gegner besiegen, während man in Jogginghose vor dem Bildschirm sitzt. Vielleicht sind die Spiele deshalb so beliebt in England, wo der zweiteilige Baumwolltrainingsanzug zum Lieblingskleidungsstück der jungen Unter- und Mittelschicht zählt. Jedenfalls ist der britische Videospielemarkt der sechstgrößte der Welt, mit einem Volumen von über vier Milliarden Pfund. Die Briten lassen ihrem Spieltrieb freien Lauf, egal wie alt sie sind, das macht sie zwar nicht unbedingt produktiver, aber mutmaßlich zufriedener.

Russ sagt, es sei nicht einfach, sich als Entwickler auf dem Markt zu behaupten. Die Ansprüche des Publikums sind gigantisch, die Jogginghosenträger wollen gut unterhalten werden. Er hat deshalb eine Strategie entwickelt, den Erfolgsdruck zu dämpfen, indem er frühe Versionen seiner Spiele veröffentlicht und später regelmäßige Updates zur Verfügung stellt. Es ist das Gegenteil der Blockbuster-Strategie der großen Studios, die alle paar Jahre ein perfekt gebautes Spiel auf den Markt werfen. Der Ansatz von Russ ist für beide Seiten von Vorteil: Die Fans freuen sich über einen niedrigen Einstiegspreis und Russ gewinnt loyale Kunden, die ihm bei der Fehlersuche und der Weiterentwicklung helfen. Außerdem kann er sein Risiko streuen, da seine Einnahmen weniger stark vom Erfolg eines einzelnen Spiels abhängen. Russ machte die Not einer vergleichsweise kleinen Firma zur Tugend und seine Fans zu Mitarbeitern.

»TerraTech« verkaufte sich bislang über 125 000-Mal, was auch mit YouTube zusammenhängt. Russ ist auf die Unterstützung von Spiele-Bloggern angewiesen, die nichts anderes tun, als die Neuerscheinungen der Branche zu testen, zu kommentieren und sich selbst dabei zu filmen. Die Filme stellen sie auf YouTube, ihr Publikum besteht vorwiegend aus Kindern und Jugendlichen, die zu Hause vor dem Computer sitzen. Natürlich in Jogginghosen. Die YouTuber sind die Zwischendealer zwischen Russ und den Kinderzimmern.

Nach unserem Gespräch streune ich alleine durch die Hallen und bleibe vor einer Großbildleinwand stehen, auf der sich zwei

Frauen in engen Kleidern und mit sehr großen Oberweiten gegenseitig ins Gesicht boxen. Es ist die neueste Version von »Streetfighter«, ein Spiel, das Ende der Achtzigerjahre in Japan entwickelt wurde. Die Kämpferinnen werden live gesteuert von zwei Jungs, die unter der Leinwand wild auf Tastaturen herumhacken. Vor der Bühne sitzen ungefähr 100 Zuschauer, die nach jedem K.o. frenetisch applaudieren. Ich denke zurück an meine Computerspielphase. Die virtuellen Welten, in denen ich mich bewegte, waren harmloser, grobkörniger, weniger explizit. Aber so weit ist der Weg nicht von »Leisure Suit Larry« zu Frauen mit Atombrüsten.

Brexit e.V.

In einem Londoner Pub planen vier
Männer die Revolution

Im Vorfeld des EU-Referendums hatte sich auf dem britischen Archipel eine erstaunliche Volksbewegung gebildet, von rechts bis links, von Unternehmern bis Bauarbeitern, von den alten Kohlestädten im Norden Englands bis tief in den Süden zu den Fischerdörfern von Cornwall. Manche, die in der Brexit-Bewegung aktiv waren, kämpften seit Jahren für den Austritt aus der EU, andere erst seit kurzer Zeit. Glaubte man den Vordenkern, sollte hier eine Nation neu erfunden werden, die sich von den europäischen Fesseln befreit und zu fernen Küsten aufbricht, um Handel zu treiben und wieder zu alter Größe und altem Wohlstand zurückzufinden. Eine Nation, die auffallend dem England von vor 150 Jahren ähnelte. Die Stimmung eines Aufbruchs lag über dem Königreich, vermischt mit dem Geruch von gestern.

Eine Revolution muss vorbereitet werden, sie braucht Fußsoldaten. Am Ende werden es diese Fußsoldaten sein, die den Traum vom Brexit ins Land hinaustragen, einfache Männer und Frauen, von denen niemand ahnte, dass sie eine solche Kraft und Macht entwickeln würden. Peter, Mike, Richard und Simon haben sich deshalb an einem Mittwochabend im »Unicorn« in Ilford verabredet, im Nordosten Londons. Es ist Ende März 2016, noch drei Monate bis zum Referendum. Die vier Männer gehören zu »Grassroots Out«, einer angeblich parteiunabhängigen Brexit-Initiative. Peter, Mike, Richard und Simon sollen den Boden bereiten, auf dem das neue, alte England wachsen kann. Sie sind eine von vielen Keimzellen der Brexit-Bewegung.

Das »Unicorn« liegt in einer Kleineleute-Gegend. Die Stadt franst hier in schmale, zweistöckige Häuser, Telefonzubehörläden und mehrspurige Einfallstraßen aus. Umfragen zeigen, dass die Brexit-Kämpfer in diesen Winkeln von London mit mehr Zuspruch rechnen können als im Zentrum, in Hackney, Camden oder Lambeth, wo die liberale, urbane Mittelschicht wohnt. Hier in Ilford dagegen leben Arbeiter, Handwerker, Einwanderer, einfache Angestellte sowie diejenigen, die zu den Verlierern der Globalisierung zählen.

Ich habe mich über die »Grassroots Out«-Webseite für den Abend angemeldet, als interessierter Bürger, nicht als Reporter. Als ich mich an den Tisch im hinteren Teil des Pubs setze, schiebt mir Mike wortlos ein Klappschildchen herüber, auf das mein Vorname gedruckt ist. Jeder bekommt eins. Fünf Leute, fünf Namensschildchen. So einfach ist es, Teil eines Aufstands zu werden. Mike zieht aus einer Klarsichthülle fünf Kopien der Tagesordnung für diesen Abend. Punkt eins: Protokoll vom letzten Treffen.

Ehrlich gesagt hatte ich mir die Revolution spannender vorgestellt und irgendwie sexyer als vier Männer mittleren Alters, die Cola light trinken. Peter, Mike, Richard und Simon wirken nicht wie Aufständische, sondern wie ein Kleingärtnerverein bei der Jahreshauptversammlung. Brexit e.V. Sie sind Mitglieder der antieuropäischen Unabhängigkeitspartei Ukip, ihr Idol und Anführer heißt Nigel Farage, der pöbelnde, trinkende, rauchende Poltergeist der Anti-EU-Bewegung und Vorsitzende der Ukip. Ich wünschte, er wäre hier im »Unicorn« dabei, um die Stimmung aufzupeitschen. Ihre Samstage verbringen die vier Brexit-Kämpfer in Londoner

Einkaufsstraßen hinter einem Klapptisch mit Broschüren. Aufregender wird es nicht, fürchte ich.

Auf dem Tisch im Pub steht eine Blechbüchse für Spenden mit dem Wort »Exit«, es gibt auch Kugelschreiber mit dem »Grassroots Out«-Logo. Warum sind sie gegen die EU? Richard sagt: »Wir wollen unser Land zurück.« Die anderen nicken. Richard ist der schnellste, ungeduldigste am Tisch, er arbeitet als selbstständiger IT-Berater und ließ sich voriges Jahr als Ukip-Kandidat für die Parlamentswahl aufstellen. Er redet, als sei die Insel von einer Armee Brüsseler Bürokraten besetzt worden, von der er sein Volk befreien muss. Außerdem, auch das gehört zur Revolution dazu, ist er selten einer Meinung mit Peter und Mike.

»Wansted war gut«, sagt Richard. Er meint den Werbestand in der Einkaufsstraße von Wansted, im Londoner Osten.

»Wansted war furchtbar«, sagt Peter.

»Ich war doch selbst da«, sagt Richard.

»Hast du in die Mülltonnen neben dem Stand geschaut? Die Leute haben die Flugzettel vor unseren Augen hineingeworfen.«

Mike schlägt vor, künftige Einsätze des Teams mit Fragebögen zu evaluieren, um solche Dispute künftig zu vermeiden. Die vier Männer sind weit weg von den Hauptquartieren der Bewegung, von den Strategen, Lobbyisten, Vordenkern und jenen Orten, an denen die Kampagne stampft und schnauft. Die Vier vom »Unicorn« gestalten ihre Planungen zum EU-Austritt nach der Logik eines Hobbys. Erst die Ordnung, dann der Spaß. Ein nicht untypisches Vorgehen in einem Land, in dem der graue Konformismus der Nachkriegszeit in vielen Bereichen überlebt hat. Ich bekomme eine Ahnung davon, weshalb die meisten jungen Leute gegen einen Brexit sind.

Peter fragt, was ich zur gemeinsamen Sache beitragen wolle. Könnte ich, will er wissen, ein Plakat in mein Wohnzimmerfenster hängen, um dem Viertel zu zeigen, wie sehr ich dem EU-Austritt verbunden sei? Ich überlege, wie unsere Nachbarn im East End auf ein Brexit-Plakat reagieren würden. Vermutlich fliegen Steine durchs Fenster. Ich sage, was jeder gute Brite sagt, wenn er von einem Vorschlag alles andere als angetan ist, aber das aus Höflichkeitsgründen nicht zugeben möchte: Interessante Idee, überlege ich mir.

Tagesordnungspunkt vier: Bericht des Kassenwarts. »Derzeit verfügen wir über 70 Pfund«, sagt Peter. »Plus ein Transportwägelchen«, ergänzt Mike. Richtig, sagt Peter, das Wägelchen.

Wie die meisten Mitglieder der Bewegung denken sie nur in groben, optimistischen Linien an die Zukunft nach einem EU-Austritt, ein konkreter Plan fehlt auch im »Unicorn«. Aber dafür sind sie auch nicht zuständig. Sie werden die kommenden Wochen nutzen, um möglichst oft mit ihrem Wägelchen und dem Klapptisch auf die Straße zu gehen. Mike hatte kürzlich die Idee, sich eine große Kugel aus Plastik mit einer Eisenkette ans Bein zu binden und damit durch die Stadt zu humpeln, um die britische Knechtschaft unter der EU zu symbolisieren. Wurde aber einstimmig abgelehnt. Zu experimentell.

Richard stemmt sich aus dem Stuhl. Er muss heim. »Letzte Frage, Jungs: Wann kommen die neuen T-Shirts?«

Rückblickend muss man sagen, dass die vier Kämpfer gewonnen haben, auch wenn ich nach dem Abend im »Unicorn« den Eindruck nicht loswerde, dass der Brexit nicht wegen, sondern trotz ihrer Hilfe zustande kam. Das Votum am 23. Juni war ein Trotz-Votum – für den Brexit, trotz der Hoffnung fast der ganzen Welt. Gesiegt haben auf der Insel diejenigen, die die Revolution wie einen Verwaltungsakt planten. Männer wie Peter, Mike, Simon und Richard, die immer zu uncool waren, um Avantgarde zu sein, und nun kalt davon erwischt werden, auf der Gewinnerseite zu stehen. Ihre Organisation »Grassroots Out« existiert nicht mehr, die Webseite wird nicht mehr aktualisiert. Die Infrastruktur der Fußsoldaten hat sich nach dem Referendum aufgelöst, nur ihre Partei, die Ukip, gibt es noch. Manchmal ist die Geschichte gut zu denen, die nichts erwarten und alles erhoffen. Sie hätten sich dennoch überlegen müssen, was sie nach ihrem Sieg tun wollen.

Brexit is the most stupid thing imaginable. Johnson is the idiot that reminds the U.K. leaving Europe.

Unter Hühnern

Mit Junggesellinnen durch die Alkohol-
Apokalypse von York

Es gehört zu den Bräuchen dieses an Merkwürdigkeiten nicht
armen Volkes, dass sich zwei Verlobte vor der Hochzeit mit ihren
jeweiligen Freundeskreisen ein Wochenende lang dem Alkohol hin-
geben, um die letzten Momente in Freiheit zu genießen. Die Briten
nennen das *hen do* oder *stag do* – Hühner- beziehungsweise Hirsch-
party. Es endet meistens ungut. Natürlich hat das Virus des Jung-
gesellenabschieds längst andere Teile der aufgeklärten Welt infiziert,
aber die Briten zauberten auch aus dieser Variante des Exzesses eine
konkurrenzlos monumentale Kunst. Absturzkunst. Man kann sie
jeden Freitag- oder Samstagabend besichtigen, wenn man durch
eine beliebige britische Innenstadt schlendert, Newquay, Sheffield,
Glasgow. Nie muss man länger als fünf Minuten warten, bis ein
armer Teufel im Bärenkostüm vorbeitorkelt, gerne auch als Bier-
flasche oder Käseecke verkleidet oder als silberne Wurst in einem
Vollkörperstrampelanzug, gefolgt von einem grölenden, den armen
Teufel ständig in den Hintern tretenden Rudel seiner sogenannten
Freunde. Bei den Frauen läuft es ähnlich. Die armen Teufelinnen
halten zwar die Kostümierung etwas dezenter, eine rosa Schärpe
hier, ein, hihi, viel zu tiefes Dekolleté da, was aber nicht heißt, dass
sie dem Alkohol genauso zaghaft begegnen würden.

Um die *hen dos* herum hat sich mittlerweile eine Exzesswirtschaft aus Partyveranstaltern, Kostümläden, Privatstrippern, Clubs und Pubs gebildet für all jene Feierwütigen, die sich ein Saufwochenende auf Ibiza nicht leisten können. Nicht alle auf der Insel freuen sich darüber. Die Partys sind in den vergangenen Jahren extremer geworden, exzessiver. Wie es aussieht, hat das halbe Land Angst davor, von Junggesellenabschieden überrannt zu werden, und zwar jene Hälfte, die nicht gerade heiratet. Es schadet dem Ruf einer Stadt, wenn sie mit halbnackten, volltrunkenen Horden assoziiert wird. Blackpool an der englischen Westküste will ein Kostümierungsverbot für die Innenstadt erlassen, Newquay in Cornwall ist bereits zur Tat geschritten und hat den Mankini verboten, den Bikini für Männer. (Der Mankini spielte die Hauptrolle in dem Film »Borat«, es handelt sich um ein Kleidungsstück, das nur ein einziges männliches Körperteil vollständig bedeckt, das entscheidende, und keine Fragen unbeantwortet lässt, selbst die, die niemand gestellt hat. Offenbar war es in Newquay beliebt bei Junggesellenfeiern.)

Das Seltsame ist, dass manche Städte bei Junggesellen und Junggesellinnen beliebter sind als andere. Niemand weiß, warum. Wahrscheinlich hat es mit der richtigen Mischung aus Studentenkneipen, Clubs mit toleranten Türstehern, verkehrsgünstiger Lage und billigem Alkohol zu tun. Ich stehe deshalb an einem Samstagnachmittag in der Innenstadt von York, einem der Zentren der *stag and hen parties*, beziehungsweise, um präziser zu sein, liege ich auf meinem Hotelbett. Denn wie sich zeigt, konkurrieren zwei völlig gegensätzliche, den Reporter innerlich schier zerfetzende Motivlagen: Einerseits ist da der dringende Wille, ein soziales Phänomen kennenzulernen und für die Nachwelt festzuhalten; andererseits ist da die Unlust, sich an einem verregneten Samstagnachmittag genau diesem Phänomen auszuliefern.

Dabei war das Wochenende bislang recht abwechslungsreich. Gestern verbrachte ich den Tag beim Pfandleiher in Blackpool,

um England von unten zu erleben, vor ein paar Stunden traf ich in Liverpool einen ehemaligen Fußballprofi, der wegen einer Drogengeschichte im Knast landete. Für morgen hat meine teure Londoner Helferin einen Besuch auf der Insomnia arrangiert, einer Computerspielemesse in Birmingham. Armut, Knast, blasse Jungs vor Bildschirmen: Eigentlich sollten die Junggesellinnen ein wenig Sonne in das Wochenende bringen. Jetzt aber treibt mir schon der Gedanke an besoffene Frauen Angstperlen auf die Stirn. Ich stemme mich aus dem Bett und mache, was ich in solchen Situationen immer mache. Ich gehe essen.

York ist hübsch, wenn es nicht gerade nass, dunkel und kalt ist wie jetzt. Der Asphalt glänzt wie vereist im Schein der Straßenlampen. Die Stadt wurde 70 nach Christus gegründet, mit dem Bau der Kathedrale wurde im 13. Jahrhundert begonnen, zwischendurch kamen die Wikinger, um zu rauben und brandzuschatzen. Der mittelalterliche Stadtkern ist gut erhalten, und während ich zum dritten Mal am selben italienischen Restaurant vorbeilaufe und mich nicht entscheiden kann hineinzugehen, höre ich gackerndes Lachen von links. Es stammt von fünf Mädchen mit rosa Schärpen. Sie tragen enge, ärmellose Kleider, die weit oberhalb der Knie enden. Ich bleibe stehen und sehe zu, wie sie an mir vorbeistolpern, kichernd, jodelnd, eine Mischung aus Miss England und Brauereibesichtigung. Die Wetter-App zeigt vier Grad über null.

Soziokulturell gehört der Junggesellenabschied in dieselbe Kategorie sozialer Ereignisse, in der auch die Abifahrt zu Hause ist, der Kegelurlaub, der Angelvereinsausflug und ähnliche Veranstaltungen für Leute, die sich in Gruppen tendenziell wohler fühlen als alleine oder mit ein, zwei guten Freunden. Natürlich sind solche Ausflüge, egal, von welchem Blickwinkel aus betrachtet, ästhetische Zumutungen, was sich aber keiner der Beteiligten eingesteht. Das ist auch nicht der Punkt. Der Punkt ist, dass diese fünf Mädchen ziemlich großen Spaß haben, dabei offensichtlich weder frieren noch sich schämen noch sich dauernd fragen, was sie da gerade für einen Unsinn treiben. Ich beschließe, später im »Revolution« vorbeizuschauen, einem Club unten am Fluss, der, wie meine teure Londoner Helferin versicherte, todsicher ein Ziel von Junggesellinnen sein soll.

Was stört mich an diesem Ritual? Erstens, dass es durchorganisiert werden muss, ähnlich wie eine Geburtstagsüberraschungsparty, und von vornherein auf beiden Seiten mit konkreten Erwartungen an Fröhlichkeit und Spaß verknüpft ist. Geplante Besinnungslosigkeit. Ist aber der beste Rausch nicht der, der ungeplant stattfindet, ein Schwebezustand, den man alleine oder mit einem guten Kumpel erreicht, eine Sorglosigkeit, in die man hineinschliddert? Zweitens, was ist die Prämisse? Dass ein Junggesellenabschied ein Abschied vom Leben ist, die letzte Gelegenheit, sich zu betrinken, mit fremden Jungs rumzuknutschen oder Strippern auf den Hintern zu gucken, bevor man sesshaft wird? Drittens: die Anreise. Natürlich hat jeder Rausch, nüchtern betrachtet, eine stumpfe, banale Seite, trotzdem sollte Gruppen von mehr als zwei Männern oder Frauen verboten sein, in Bussen, Zügen oder U-Bahnen öffentlich zu trinken.

Der Türsteher im »Revolution« nickt mich vorbei. Er wundert sich nicht, dass ich eine Kamera dabeihabe. Es stört ihn nicht. Er wundert sich auch nicht, dass ich aus Deutschland komme und über englische Mädchen schreibe, die bald heiraten werden. Er hat das Tausend-Yard-Starren eines Mitglieds der Royal Marines. Vermutlich könnte ich mit einer aufgeblasenen Katie-Price-Puppe an ihm vorbeigehen, ohne dass er eine Augenbraue hochzieht. Hat er viel gesehen?, frage ich. Verlass dich drauf, sagt er. »Was?« – »Alles.«

Drinnen erkenne ich auf den ersten Blick drei verschiedene Mädchenpartys. Anna heiratet Ben, Sarah heiratet Robert und Emily heiratet auch irgendjemanden, dessen Namen ich auf dem rosa Heliumballon nicht entziffern kann, der an ihrer Stuhllehne angebunden ist. Ich hole mir ein Bier an der Theke, gehe zu Sarahs Stehtisch und frage, wie der Abend so läuft.

»Greeeeeaaaat!«, schreit Sarah.

Wen heiratet sie?

»Robööööört!«

Warum schreit sie so? Ist ja nicht laut hier.

»Yeeeeaaaaaiiiihh!«

Das Ding ist, erfahre ich später, dass sich Sarahs Freundinnen eine superlustige Sache einfallen ließen. Sie nahmen ein Foto von Roberts Gesicht, scannten es ein und druckten es auf laminierte Pappmasken. Nur die Augen haben sie ausgeschnitten. Jetzt laufen alle von Sarahs Freundinnen mit Robert-Masken in ihren Handtaschen herum. Sarah auch. Robert ist zwar nicht anwesend, nicht persönlich jedenfalls, aber wenn alle die laminierten Pappmasken aufsetzen, sieht es aus, als würde der ganze Junggesellenabschied aus lauter großen und kleinen, schlanken und etwas fülligeren Roberts bestehen. Ich will Sarah fragen, was diese

Robert-Invasion bedeuten soll, auf einer tieferen Ebene, aber sie hat sich längst zu einer Freundin umgedreht. Ein deutscher Reporter mit vielen Fragen ist vermutlich genau das, was sie sich nicht für den (hoffentlich) irrsten Abend ihres noch unverheirateten Lebens erträumt hat.

In der Gruppe fällt mir eine Frau auf, die älter ist als die anderen. Sie stellt sich als Roberts Mutter vor. Auch sie hat eine Robert-Maske. Roberts Mutter als Robert. Zum Glück schreit sie leiser als die anderen. Als ich frage, ob ich ein Foto von ihr machen kann, idealerweise mit Maske, sagt sie, klar, und packt noch Sarah am Kragen. Mutter und Braut, zwei Mal Robert. Man muss im »Revolution« nichts trinken, um doppelt zu sehen.

An der Bar überlege ich, ob Junggesellenabschiede vor allem eine Entschuldigung dafür sind, sich in der Öffentlichkeit gehen zu lassen. Die Lizenz zur Hemmungslosigkeit, die Auslöschung aller Filter und Schamgrenzen, das letzte Tabu des Westens undsoweiter. Andererseits braucht in diesem Land niemand eine Ausrede für den Exzess, das bekommt Großbritannien auch ohne Junggesellenabschied hin.

Die Trinkgewohnheiten der Briten sind recht ausführlich erforscht und dokumentiert. Nach Angaben des nationalen Statistik-Büros, das regelmäßig über den Alkoholpegel der Nation unterrichtet, konsumieren 2,5 Millionen Menschen auf der Insel jeden Tag die Alkoholmenge, die in sechs Pints Bier oder knapp anderthalb Flaschen Wein enthalten ist. Sechs Pints, jeden Tag. Ein überproportional hoher Anteil der Vieltrinker wohnt in Schottland und Wales, dort findet gewissermaßen jeden Abend eine Junggesellenparty statt. Ohne Kostüme. Die Abstinenzler dagegen ballen sich in London, wo über ein Viertel angeblich keinen Alkohol anrührt. Aus Erfahrung kann ich sagen, dass es aus Kostengründen schlauer ist, in London nichts zu trinken als zum Beispiel in Wales, aber auch wesentlich unlustiger.

Die Nebenwirkungen von zu viel Alkohol sind bekannt. Weniger bekannt ist, dass nicht nur Kopf und Körper leiden, sondern auch die britische Infrastruktur. Auf den Straßen landet im Laufe einer Partynacht so einiges, was man dort nicht sehen möchte, vor allem Flüssiges. In York befindet sich die Polizei deshalb an den Wochenenden in erhöhter Bereitschaft, wenn die Frauen aus Yorkshire oder Newcastle einfallen. Eine Lady, die ihre Unterhose heruntergezogen hatte und im Blickfeld von Leuten pinkelte, die gerade versuchten, ihr Dinner einzunehmen, wurde vor Gericht zu einer Geldstrafe von 580 Pfund verurteilt. Ein Mann, der gegen ein Taxi urinierte, in dem ein Fahrgast saß, musste 482 Pfund zahlen. Es passieren aber auch schlimmere Unfälle. 2011 sprang ein Barkeeper im »Revolution« vom Balkon in den Fluss Ouse und ertrank. Immer wieder fallen Betrunkene ins Wasser. Inzwischen patrouillieren nachts mit Rettungsbojen und Schwimmwesten ausgerüstete Helfer entlang des Ufers.

Ich laufe durch die Stadt, es ist Mitternacht, null Grad, das »Flares« hat endlich offen. Noch eine Junggesellen-Disko, allerdings am unteren Ende der Verzweiflungsskala. Ich bin der Einzige an diesem Abend, der die Eintrittskarte für fünf Pfund vorher reserviert hat, im Internet, wie ein Operngast. Oder jemand mit verdächtigen Bedürfnissen. Die Frau im Kassenhäuschen muss erst ihre Chefin rufen, die wiederum im Computer nachprüft, ob ich tatsächlich bezahlt habe. Doch, ja, da steht es: tatsächlich vorgebucht. Es ist kein guter Einstieg, denn ab jetzt werde ich von den Türstehern, der Chefin und den Sicherheitsleuten drinnen beäugt wie jemand, der gleich seine Hose herunterzieht.

Auf der Tanzfläche stehen ausschließlich Frauen Anfang 20. Sie tragen Plüschbunny-Ohren, goldene Diademe, Brautschleier, Schornsteinfegerhütchen und rosa Schärpen. Eine *hen party*-Hölle. Die Jägerbomb kostet 2,75 Pfund an der Bar: Jägermeister gemischt mit Red Bull. Kein Mann weit und breit, außer dem

Security-Typen, der mich jetzt sicher gleich zu Boden ringt, wenn ich noch mal mein Notizbuch heraushole und Getränkepreise aufschreibe. Der DJ spielt »Dancing Queen« von Abba, dann steigt er vom Mischpultpodest und geht aufs Klo. Ich bestelle eine Cola light an der Bar und frage mich, was die Schornsteinfegerhütchen bringen sollen. Glück? Sex? Viele Kinder? Und wieso all die Schärpen?

Vielleicht brauchen die Frauen einen Raum, in dem sie ungestört jubeln und brüllen können, so laut sie wollen. Brutalstmögliche Schreitherapie, Katharsis im Absturz. Und bestimmt ist es auch mal angenehm, sich in einen Minirock hineinwursten zu können, ohne dauernd angegraben zu werden. Ich sehe Röcke, so kurz, dass sie kaum die Pobacken bedecken, so eng, dass ihre Trägerinnen alle paar Sekunden den Saum mit einer unterstützenden Wackelbewegung der Hüften nach unten ziehen müssen, damit der Stoff den Schambereich wenigstens ein bisschen bedeckt. In York herrscht ewiger Sommer, zumindest in den Köpfen. Vorhin habe ich Frauen fluchen hören vor Kälte, ihre Handtaschen an sich klammernd wie Taschenöfen, auf Absätzen tänzelnd spitz wie Dolche. Alles für den besten Abend des Lebens. Muss man diese Wesen am Ende nicht bewundern?

Raucher müssen im »Flares« auf dem Parkplatz zittern. Da steht auch ein Mädchen namens Tony (Schornsteinfegerhütchen), die schon seit 24 Stunden ihren Junggesellinnenabschied feiert, wie sie erzählt. Gestern war sie mit ihren Freundinnen Gokartfahren, heute ist Diskonacht. Als sie jung war, sagt sie, sei sie bei der Armee gewesen. Jetzt ist sie 24, in ihrer Wahrnehmung also alt, und heiratet Neill. Ihre künftige Schwiegermutter hat sie auch mitgebracht. Auf meine Frage, warum sie jetzt schon feiert, wenn sie doch erst im Juni heirate, sagt die Schwiegermutter: »Weil wir so lange brauchen werden, den Kater vom Saufen zu verarbeiten.« Während wir uns unterhalten, tritt die Chefin auf den Parkplatz und sagt, ich dürfe nicht mit ihren Gästen reden. Privatgelände. Noch Fragen? Schönen Abend.

Hen parties sind Übungen in Besinnungslosigkeit, Versuche in Kontrollverlust. Auf dem Weg zurück zum Hotel laufe ich über eine Eisenbahnbrücke und sehe eine ausgelassene Männergruppe mit Taschenlampen und orangefarbenen Latzhosen. Sie lachen. Noch eine Junggesellenparty, denke ich. Sind aber doch nur Gleisarbeiter.

Eine Elfe in Schottland

Auf der Suche nach der besten
Schauspielerin der Welt

Zu Tilda Swinton muss man mit dem Zug reisen, es geht nicht anders, man muss sich dieser Frau wie einem flüchtigen Wesen nähern, mit Ruhe und einem Gefühl von Raum und Ewigkeit. Ich habe ein Abteil im Caledonian Sleeper reserviert, dem Nachtzug von London nach Inverness. Swinton wohnt tief im Norden der Insel in einem schottischen Küstenstädtchen, sie passt zu den Highlands, als würde sie hier seit Jahrhunderten leben. Es gibt ein Foto von ihr, auf dem sie barfuß in der Hocke auf einem Felsen am Meer sitzt, wie eine Kreatur, die vor langer, langer Zeit aus den kalten Fluten an Land geklettert ist.

Sie wolle kein Interview geben, hatte es geheißen, aber das ist auch egal (sage ich mir, als ich in den Zug steige). Meine stille, gegenüber niemandem als mir selbst eingestandene Hoffnung ist, ihr mit Geduld und Zurückhaltung näherzukommen. Dass ich diesem Wesen dort oben tatsächlich begegnen werde, ahne ich noch nicht. Ganz offiziell, das heißt meinen Londoner Freunden gegenüber, bin ich nur auf der Mission, die Region kennenzulernen, in der Tilda lebt. Es soll um ihre magische Heimat gehen, um die Leute dort und um die Frage, wie Mensch und Umgebung sich gegenseitig formen. Als Künstlerin und Schauspielerin wäre sie nicht denkbar ohne Schottland, und Schottland ohne sie auch nicht mehr. Sie könne jedes Mal das Rollfeld küssen, erzählte sie einmal, wenn sie von Dreharbeiten oder einer ihrer Reisen kommend auf dem Flughafen von Inverness lande. Eine Patriotin also. Eigentlich müsste der Flughafen längst ihren Namen tragen.

Ich zeige dem Schaffner meine Fahrkarte und sehe mit Überraschung, dass das Ticket auf den Vortag ausgestellt ist. Irgendetwas lief mit der Reservierung schief. Leider seien alle Plätze ausgebucht, selbst die Sitzplätze, keine Chance. Im selben Moment setzt sich der Zug in Bewegung. Könnte ich nicht die Nacht im Speisewagen verbringen oder notfalls auf dem Boden sitzend? Leider ist der Schaffner ein überforderter Glatzkopf mit der Großherzigkeit einer Kaulquappe und bellt, er werde mich in Watford aussetzen, der nächsten Station.

Was würde Tilda tun? Nun, zunächst hätte sie keine Probleme mit der Reservierung, und wenn sie doch welche hätte, würde die Kaulquappe alle Hebel in Bewegung setzen, um ihre Wünsche zu erfüllen. Swinton hat diese geisterhafte Autorität, die bei anderen Menschen gleichermaßen Respekt, Verwunderung und Alarmgefühle auslöst. Nach dem Tod von David Bowie ist sie der letzte britische Alien. Englische Schaffner haben für heikle Fahrgäste ein feines Gespür. Dieser hier würde ihr schon deshalb einen Platz organisieren, weil er Angst hätte, dass sie ihn andernfalls auffisst, mit einem kurzen Haps und dann sehr langsam und gravitätisch auf ihm herumkaut. Mir dagegen bleibt nur das Glück. Mein Retter kommt in der Gestalt von Mohammed. Er ist für den nächsten Schlafwagen zuständig und sagt, er habe ein Abteil frei, das er mir ausnahmsweise aufschließen werde. Ich kann doch zu Tilda. Mohammed sei Dank.

Zum Frühstück bringt er auf einem Tablett Eier, Schinken, Blutwurst, ein Kartoffelomelette, Tomaten, Pilze, ein Brötchen mit gesalzener Butter, Tee und Orangensaft. Schottland ist kein Land,

das Hunger toleriert. Als ich beim Kauen die Fensterblende hochschiebe, öffnet sich der Blick auf sanft geschwungene Hügel, eine braune Graslandschaft und Schneefelder an Berghängen. London ist nur noch ein dunkler Traum. Zwei Möwen sitzen tatenlos an einem Bach herum, der sich über eine saftige Wiese schlängelt, von der ich vermute, dass sie ein etwas zu ehrgeiziger Setdesigner dort aufgebaut hat. In den ozeanblauen Himmel sind mit breiten Strichen Zirruswolken gepinselt. Bis auf das Ächzen und Quietschen der Zugachsen ist es still. So ruckele ich Tilda entgegen.

Ich weiß nicht, wann mir Tilda Swinton als Schauspielerin zum ersten Mal auffiel, vermutlich um die Jahrtausendwende. Sie trat beiläufig in mein Kinoleben, wie einer dieser Menschen, die man in der Großstadt immer wieder aus der Distanz wahrnimmt, beim Einkaufen oder in der U-Bahn, denen man aber nie nahekommt. Swinton hatte Anfang der Nullerjahre vor allem kleine Rollen in großen Filmen übernommen, unter anderem neben Leonardo DiCaprio in »The Beach«, Tom Cruise in »Vanilla Sky« und

Nicolas Cage in »Adaptation«. Den großen Auftritt mied sie. In einem Interview sagte sie später, sie habe den Kopf unten gehalten, solange sie jünger war als 40. Sie wollte nicht auffallen. Aber selbst in den Nebenrollen strahlte sie auf der Leinwand die Faszination eines Phantasiewesens aus, das in seiner Umgebung fremd wirkt, eine rätselhafte Frau, verletzlich und verschlossen zugleich. Ein rotblondes Orakel. Womöglich macht sie das für unsere entwurzelte, zutiefst ratlose Generation so anziehend. Sie scheint etwas zu wissen, das wir nicht wissen. Sie hat ein Geheimnis.

Und obwohl sie häufiger nackt auf der Leinwand erscheint, wie in dem Vampirfilm »Only Lovers Left Alive« oder in dem Beziehungsdrama »A Bigger Splash«, behält sie ihre undurchdringliche Aura. Sie ist eine Ästhetin, sie liebt Kostüme und Verkleidungen, gerade deshalb trägt sie manchmal auch gerne nichts. Je älter sie wird, desto altersloser wirkt sie. Die Zeit scheint für sie außer Kraft zu sein. Egal, wen oder was sie in den vergangenen Jahrzehnten spielte – einen 400 Jahre alten Mann, der zur Frau wird, einen Vampir oder eine Hexe –, Swinton schien stets mit sich im Reinen zu sein, das Mysterium um ihre Person noch vergrößernd.

Zusätzlich zu Hollywood-Produktionen trat sie in Kunstfilmen und Kleinprojekten auf, wie 2009, als sie mit dem Fahrrad die frühere Grenze zwischen Ost- und West-Berlin abfuhr und ein Experiment weiterführte, das sie begonnen hatte, als die Mauer noch stand. Sie rollte mit dem Rad durch Straßen und Wälder, sah ein bisschen melancholisch und ein bisschen fröhlich aus und sagte nichts. Ein Tilda-Projekt eben. Eine gute Idee und das Vertrauen zum Regisseur sind ihr wichtiger als Multimillionen-Budgets. Jim Jarmusch hatte ganz offensichtlich nur auf sie gewartet, genau wie Wes Anderson, die großen Exzentriker-Regisseure des Independent-Kinos. Man verzieh ihr sogar den Oscar für ihre Rolle in »Michael Clayton«, eine Auszeichnung, die sonst nur Strebern und Wichtigtuern zuteilwird.

Für mich ist Swinton die Wiedergeburt Schottlands als Elfe. Eigensinnig in ihrer Weigerung, sich anzupassen, störrisch fast. Sie wuchs nahe Duns auf, einem Städtchen kurz vor der Grenze zu England, ihre Familie besitzt dort das Anwesen Kimmerghame House. Die Wurzeln der Swintons in Schottland lassen sich bis ins 9. Jahrhundert zurückverfolgen, viele der Vorfahren waren Soldaten. Tildas Vater, ein einbeiniger Kriegsveteran, lebt bis heute auf Gut Kimmerghame »und zieht immer noch eigenhändig die Uhren auf«, wie sie einmal erzählte. Sie selbst genoss eine privilegierte Erziehung wie viele ihrer britischen Schauspielkollegen. Englisches Internat, anschließend Cambridge, als Nächstes hätte sie vermutlich den Sohn eines Earls oder Lords geheiratet, wenn alles nach Plan gegangen wäre. Es geht aber selten nach Plan bei ihr.

Von außen wirkt ihr Leben, als wäre es von langer, kindlicher Hand geplant. Schon als Mädchen war sie fasziniert von den Schildern an der schottischen Autobahn, auf denen »To Inverness and THE NORTH« zu lesen war, mit einem weißen Pfeil in den Himmel. Offensichtlich muss der Norden, dachte sich die junge Tilda, eine besondere Richtung sein, warum sonst verwendeten die Autobahnschildermacher Großbuchstaben? Dort wollte sie hin, nach oben, in die Weite, ins Nichts. Nach NORDEN. Und hier lebt sie nun: in Nairn.

Die Luft in Nairn ist kalt und schmeckt nach Salz und Seetang. Draußen, auf dem Wasser in der Bucht von Moray, schaukelt ein Fischerboot, drinnen im Ort steht eine alte Frau in der Einkaufsstraße und spielt Blockflöte. Man könnte tagelang hier stehen und würde nicht viel mehr erleben. Eine leise, surreale Gegend am nördlichen Rand Europas. Vor vielen Jahrhunderten, im finsteren Frühmittelalter, herrschten hier die Pikten, ein kämpferischer und brutaler Stamm, den selbst die Römer nicht besiegen konnten. Noch heute erzählen sich die Leute, dass die Widerspenstigkeit des schottischen Nordens gegenüber dem englischen Süden aus dieser Zeit stammt.

In den späten Sechzigerjahren des 20. Jahrhunderts zog die Gegend Aussteiger, Kommunarden und andere Suchende an. An der Bucht von Findhorn, ein paar Meilen östlich von Nairn, gibt es bis heute eine Öko-Kolonie, in der grüne Träumer und Althippies leben, eine der letzten Oasen der Achtundsechziger auf der Insel. Sie wohnen in alten Wohnwagen und Holzhäusern, die nach Orten aus »Herr der Ringe« benannt sind – Mittelerde oder Lothlórien –, und vor deren Eingangstüren Traumfänger und Windspiele hängen.

Das Meer in der Bucht von Moray ist frisch und nährstoffreich, gelegentlich kann man vom Ufer aus Tümmler bei der Jagd beobachten. Der Wind trägt das wiederkehrende Rollen und Klicken von Strandkieseln über Dünen und Felder. Moray ist Gänsehautland. Selbst wenn es warm ist, spürt man den untergründigen, kühlen Luftstrom. Die tiefhängenden Wolken, der Regen und das Grau verstärken das Gefühl, umschlossen zu sein. Melancholie und Ruhe. Sobald sich aber die Sonne zeigt, wölbt sich der Himmel, der Horizont wird schärfer, die Konturen und Linien werden klarer. Das Meer färbt sich von braun zu dunkelblau, der Sand wird weiß, der Ginster greller und gelber, und das Land erwacht.

Swinton hat in Nairn ein Anwesen nicht weit vom Strand gekauft. Hier lebt sie mit ihrer Tochter Honor und ihrem Sohn Xavier, beide im Teenager-Alter, sowie ihrem Freund Sandro Kopp, einem deutschstämmigen Maler. (Die beiden lernten sich 2004 am Set von »Die Chroniken von Narnia« kennen. Swinton spielte die Weiße Hexe, Kopp einen Zentauren ohne Sprechrolle.) Anfangs wohnte noch Swintons Ex-Mann John Byrne mit im Haus, ebenfalls ein Maler, was die englische Klatschpresse in Form der »Daily Mail« inspirierte, ihr eine *ménage a trois* anzudichten, die Swinton bis heute dementieren muss. In einem Interview sagte sie, eigentlich sei ihr Leben hier oben eher langweilig.

Die Bewohner von Nairn begegnen ihr mit vorsichtiger Sympathie. Der Wirt des Bed & Breakfast, das ich beziehe, sieht sie hin und wieder in ihrem Skoda durch den Ort fahren oder beim Inder um die Ecke, wenn sie eine Bestellung abholt. Er sagt, er habe sie nie lachen sehen, und vermutet, dass sie skeptisch gegenüber Leuten sei, die sie nicht kenne. »Sie kann sehr, äh ...« Er sucht nach einer passenden Beschreibung. Einschüchternd wirken?, schlage ich vor. Ernst? »Nein, eher respektgebietend.« Einmal habe sie ihn finster durch die Autoscheibe angefunkelt, als er am Straßenrand im Halteverbot parkte und ihr den Weg blockierte.

Swinton wohnt nicht nur hier, sie engagiert sich auch für die Region. Vor ein paar Jahren zog sie mit einem mobilen Kino durch die Highlands und zeigte Independent-Filme, der Eintritt kostete drei Pfund oder eine Schüssel selbstgebackener Kekse. Wer würde nicht gerne mit dieser Frau befreundet sein? Als ein Gartencenter in der Nähe schließen sollte, wo sie mit ihrem Ex-Mann regelmäßig Pflanzen und Gartenzubehör kaufte und Tee trank, schrieb sie einen Protestbrief. Außerdem baute sie mit einem ihrer Nachbarn eine alternative Schule auf, die ihre beiden Kinder besuchen.

Die Drumduan Steiner School steht auf einem Hügel oberhalb von Forres, 20 Minuten von Nairn mit dem Auto, und war nach der Gründung streng nach den Prinzipien von Rudolf Steiner geführt worden. Nirgends Kanten, überall Holzspielzeug. Inzwischen sind die Lehrer gelassener. Es gibt Computer, Tische mit Ecken, und die älteren Schüler schmieden Schnitzmesser aus Stahl. Der Leiter der Schule ist ein begeisterungsfähiger Schotte polnischer Abstammung und heißt Krzysztof Zajaczkowski. Er hatte ausrichten lassen, ich sei herzlich willkommen und könne mich gerne umschauen.

Es ist Samstag, als ich den Mietwagen hinauf auf den Hügel quäle. Die Schule feiert gerade ihr Maifest. Das Erste, was ich sehe, ist ein Mädchen, das laut lachend an einem Baumseil hoch über dem Boden hin- und herschwingt wie ein fröhlicher Waldgeist. Auf dem Rasen vor dem Schulgebäude wird Rehfleisch gegrillt, Schüler präsentieren ihre Werkarbeiten, unter einem Zeltdach arbeiten Frauen an Flechtkörben. Krzysztof begrüßt mich herzlich und fragt, ob ich die Oberstufe sehen wolle, die sie neu gebaut haben.

Aus Sicht der Schüler ist die Drumduan School ein Paradies. Es finden keine Prüfungen statt, niemand verteilt Zensuren, und an Tischen sitzen die Kinder und Jugendlichen nur, wenn es nicht anders geht. Drumduan ist das Gegenteil von Eton, der englischen Eliteschmiede, und es ist kein Zufall, dass die Alternative zu Stress, Druck und einer verlorenen Kindheit ausgerechnet hier oben zu finden ist, in Tilda-Land. Schottland wirkt auf mich von hier aus betrachtet wie der bessere, unschuldigere Teil von Großbritannien. In Drumduan heißt der Schulleiter für die Schüler nicht Mr. Zajaczkowski, sondern Chris. Er und die anderen Lehrer unterrichten zwar Mathematik, Geografie oder Spanisch, legen aber ebenso viel Wert auf Musik, Handwerk und Lernen in der Natur. Sie hatten Angst, als die Regierung Ende 2014 die Schule einer staatlichen Kontrolle unterzog, aber die Furcht war unbegründet. Die Inspektoren kamen zu dem Urteil, dass die Schüler selbstbewusst seien, hochmotiviert, respektvoll, sprachgewandt, Aushängeschilder einer hervorragenden Bildungseinrichtung also.

Chris schließt die Tür zum Werkraum neben den Oberstufen-Pavillons auf, die 500 Meter entfernt vom Schulgebäude auf der Hügelkuppe stehen. Hinter ihm tritt ein Mann mit hochgekrempelten Hemdsärmeln in den Raum. Ian Sutherland McCook gründete mit Tilda Swinton nicht nur die Oberstufe von Drumduan, sondern übernahm gleich die gesamte Institution, nachdem die alte Schulleitung sich geweigert hatte, Räume für Schüler zu schaffen, die älter als 14 sind. Ian ist Architekt und war lange Swintons Nachbar in Nairn. Er wollte seine Kinder, nachdem sie die Unterstufe in Drumduan abgeschlossen hatten, ebenso wenig in eine staatliche Einrichtung schicken wie Tilda. Die beiden beschlossen, ihre eigene Schule zu bauen. »Tilda und ich sind Menschen, die Sachen anpacken«, sagt Ian. Die beiden helfen, die Schule zu verwalten, im Moment müssen sie noch zuzahlen, weil die Ausgaben die Einnahmen übersteigen. Sie suchen Eltern, die sich 7500 Pfund Schulgebühr im Jahr leisten können.

Der Werkraum ist ein luftiger, heller Bau aus Holz. In Regalen liegen Sägen, Feilen und Hämmer, in Marmeladengläsern sind Schrauben und Nägel nach Größe sortiert. Auf einem Tisch in der Mitte steht ein halbfertiges Kanu. Chris streicht mit der flachen Hand über den Rumpf und sagt, die Entwürfe für das Boot hätten die Schüler selbst gezeichnet. Schon das war ein Lernerfolg. Im Sommer wollen sie mit ihrem Werkstück über die Bucht von Findhorn paddeln. Sie nutzen die Natur in der Umgebung, so oft es geht. Als wir ins Freie treten, sagt Ian, man könnte denken, die Schule sei aus ihrer Umgebung geboren worden, aus den Gewässern, Wäldern und Hügeln von Moray.

Man hat von hier oben einen ausladenden Blick über Getreide- und Rapsfelder, die Bucht von Findhorn bis hinüber auf die schneebedeckten Gipfel von Ben Wyvis und Glen Strathfarrar. Eine magische Gegend, sagt Chris. »Das Land von Macbeth.«

Nicht weit entfernt steht Cawdor Castle, wo Shakespeare eine Burg seines Tyrannen ansiedelte. Im 16. Jahrhundert seien auf den Hügeln um Forres mehr Hexen verbrannt worden als an anderen Orten der Insel. »Hexen heißt natürlich: Wahrsagerinnen, heidnische Zauberer und irgendwelche Kräuterfrauen.« Nicht dass man denke, es habe hier tatsächlich Hexen gegeben.

Während wir in die Ferne schauen, erzählt Ian, dass diese Gegend vor 30, 40 Jahren für die meisten Briten unbekanntes Land gewesen sei. Keine Touristen, keine Hotels, keine Destillerie-Touren für chinesische Reisegruppen. Statt Englisch sprachen die Leute Gälisch. »Meine Vorfahren konnten noch das Wetter am Geruch der

Luft vorhersagen. Wir leben hier im Land der Mythen und Legenden«, sagt er. Dann kam der große Ölrausch. Aberdeen wurde fast über Nacht zum Zentrum des Booms, und für Moray interessierten sich plötzlich sogar Besucher aus London und, noch irrer, Menschen vom Kontinent.

Wir gehen zum Grill, wo ein bärtiger Mann Hamburger ausgibt. Es ist Tildas Freund Sandro Kopp. Kurze Zeit später, als ich auf einem Baumstamm sitzend den Burger esse, sehe ich eine Frau mit hellblonden, zurückgekämmten Haaren. Sie trägt eine weite Hose, eine hellblaue Bluse und im Armwinkel eine Tasche aus geflochtenen, bleichen Zweigen. Ich falle fast rücklings vom Stamm. Trotz der stillen Hoffnung, Tilda zu begegnen, habe ich mich nicht darauf vorbereitet, sie wirklich zu treffen. Ich merke, dass ich nervös werde. Ich komme mir wie ein Eindringling vor. Der Stalker aus Deutschland.

»Hi, ich bin Tilda«, sagt Tilda.

Großartiges, weltumspannendes, gleichzeitig skeptisches Lächeln. Ich sage, dass ich mich für die Gegend interessiere, die ja sehr speziell sei, radikal unabhängig, mythisch fast, nicht? Die Leute, die hier leben, seien auch ziemlich interessant, ein spannendes Volk, die Pikten, ähm, ja. Ich kann dabei zusehen, wie die Worte vor meiner Zunge fliehen und in dem Rauch des Grills verschwinden. Tilda kneift die Augen zusammen. Die Sonne, die für zwei Sekunden hinter den Wolken hervorlugt, scheint ihr direkt ins Gesicht. Sie sagt: »Unabhängigkeit ist nicht mythisch, sondern sehr real. Damit musst du vorsichtig sein. Was die Leute angeht, nun, die meisten von uns sind zugezogen und wohnen noch nicht allzu lange hier.« Abgesehen davon habe sie jetzt Hunger. Ich könne ihr gerne später noch mal ein paar Fragen stellen, why not.

Sie wirkt unnahbar, obwohl sie immer nur ein paar Meter entfernt steht. Je näher ich ihr komme, desto weiter entfernt sie sich. Die Regeln der Optik gelten auf dem Zauberhügel nicht. Zwei

Mal frage ich sie noch, ob wir reden können, zwei Mal sagt sie: später. Sie muss mit anderen Eltern sprechen, einen Kinderwagen schaukeln, ein Baby knuddeln, mit Sandro Hand in Hand an verschiedenen Ständen entlangschlendern, bei der Tombola mitmachen, einem Feuerspucker zusehen, ein Eis kaufen, das Eis essen, aber all das ist natürlich völlig okay. Es ist ihr Samstag. Später sehe ich sie noch mal im Gespräch mit einer Lehrerin, sie trägt jetzt ein grünes Jackett im Tartanmuster. Dann löst sie sich in Luft auf. Eine halbe Stunde später schickt sie Chris eine Textnachricht von ihrem Planeten. Es tue ihr leid, dass sie keine Zeit für meine Fragen hatte.

Vielleicht ist es besser so. Ich verstehe ihre Zurückhaltung gegenüber Reportern, nach dieser Geschichte in der »Daily Mail« über ihr angebliches Dreiecksverhältnis. Außerdem bin ich nicht nur hergekommen, um Tilda zu treffen, sondern wegen der Landschaft (sage ich mir, während ich mit einem Becher Kaffee über die Wiese schlendere).

Es ist kühl geworden. Ian erzählt, dass Tilda, Chris und er am folgenden Tag auf die Insel Colonsay vor der schottischen Westküste fahren wollen, um in Ruhe über die Zukunft von Drumduan zu sprechen. Es klingt, als gäbe es Probleme in der Schule. Chris und Ian machen kein Geheimnis daraus, dass Drumduan finanziell nicht allzu dick gepolstert ist. Die Kinder von Tilda und Ian werden in einem Jahr ihren Abschluss machen, ohne die Unterstützung der beiden Hauptsponsoren und Organisatoren wird es für die Schule nicht einfacher.

Ian und Chris freuen sich auf den Ausflug nach Colonsay, auch wenn die Insel eine Tagesreise entfernt liegt. Es gebe dort kein Mobilfunknetz, sagt Ian, nur an einer abgelegenen Bucht habe man Empfang. Immer wenn sie dort sind, fährt Tilda einmal am Tag zu der Bucht, um ihre Nachrichten abzurufen. Drei Träumer auf einem Felsen im Nordatlantik. Ich frage mich, warum sie nicht einfach hierbleiben, aber vermutlich ist die Zukunft ein scheues Wesen, das sich nicht überall zeigt, ein bisschen so wie Tilda.

Tildas Leben wirkt auf mich wie ein dauerndes Spiel aus Distanz und Nähe, wie eine improvisierte Existenz, die einer tieferen Bestimmung zu folgen scheint, einem inneren Kompass. Nur dass niemand weiß, was dieser Kompass anzeigt, vermutlich nicht einmal Tilda selbst.

Am Abend fahre ich zur Öko-Kolonie von Findhorn. Ein zeitgenössisches Tanz- und Theaterfestival findet dort statt, und ich fahre hin, sage ich mir, weil ich zeitgenössischen Tanz so wahnsinnig spannend finde (und weil ich hoffe, Tilda noch einmal zu treffen, und beim zweiten Mal wesentlich eloquenter zu sein als beim ersten Mal). Ian hatte angekündigt, er würde kommen. Ich setze mich in ein Stück, in dem sich zwei Mädchen sehr beliebig zu sphärischen Klängen und Satzfetzen bewegen. Später tritt die Tänzerin Liz Aggiss auf mit einem Pferdeschweif am Hintern. Ich staune über meine Geduld mit mir selbst während der Aufführungen.

Neben mir sitzt Damian. Er erzählt mir in der Pause zwischen zwei Stücken, dass er mit 63 Jahren anfing, eine Karriere als Tänzer ins Auge zu fassen, nachdem er über Jahrzehnte in einem Bürojob gearbeitet hatte. Sein erstes Tanzstück war eine Choreografie zu David Bowies »Golden Years«.

Tilda kommt natürlich nicht, aber das ist, wie gesagt, auch nicht so wichtig. Das Schottland, das sie verkörpert, ist kein Phantasieort, wie ich anfangs dachte, sondern Wirklichkeit, die sich in der Drumduan-Schule offenbart, im Ökodorf von Findhorn, beim Tanzfestival, an den magischen Stränden von Moray, in der Blockflöten-Frau und überall sonst in dieser Gegend. Alles ist real. Kaum zu fassen. Es besteht die Möglichkeit, dass Tilda doch ein Mensch ist.

Das Highclere-Kettensägenmassaker

Eine Gartentour auf den Spuren
der englischen Seele

Es gibt keinen Ort, an dem Großbritannien mehr zu sich selbst findet, als im Park. Auf geschwungenen Wiesen, zwischen Bäumen, Seen, Bächen, Hecken kann sich England voll entfalten, inmitten sanft gebändigter Natur. Parks und Gärten sind Entspannung und Erbauung zugleich, Erholung und Frieden, und wenn dann noch die Sonne scheint und im Picknickkorb die eine oder andere Flasche Wein liegt, fehlt nicht viel zum Glück. Was macht den englischen Garten so speziell und woher kommt die Sehnsucht nach der perfekt gestalteten Wildnis?

Bevor Gräfin Carnarvon durch ihren Garten führt, sitzt sie in ihrem Wohnzimmer auf dem Sofa und überlegt, wie viel Personal sie eigentlich beschäftigt. Man verliert leicht den Überblick in einem Haus mit 300 Zimmern und vier Quadratkilometern Wald und Wiese darum herum. »Es gibt drei Gärtner und zwei Köche. An Tagen wie heute, wenn wir Besuch erwarten, kommen natürlich einige Helfer dazu. Wir bieten Führungen an, es gibt ein Café und einen Souvenirladen. Außerdem muss so ein Haus instandgehalten werden. Ich schätze, im Sommer arbeiten hier 40 Leute.« Ihren Butler Colin kann sie leider nicht mehr mitzählen, er hatte einen Herzinfarkt. Hat sie jemanden vergessen? Sie schaut hinüber zu ihrem Mann Geordie, der neben dem Kaminsims konzentriert seine Schuhspitzen betrachtet. »Anyway. Ich sage immer: Wir arbeiten hart und genießen die Landschaft. Dürfte ich Sie bitten, im Innern des Hauses keine Fotos zu machen?«

Gräfin und Graf Carnarvon haben zur Haus- und Gartenbesichtigung nach Highclere Castle eingeladen, in Hampshire. Gekommen sind 20 Journalisten aus China, Australien, Indien, Frankreich und Holland. Sie wollen England sehen, wie es einmal war und im Grunde wieder sein sollte, fragt man chinesische Touristen und englische Aristokraten. Highclere Castle wurde im 17. Jahrhundert erbaut und später zu einem viktorianischen Herrenhaus mit Türmen und Zinnen erweitert, heute zählt es zu den schönsten und bekanntesten Anwesen des Landes. Kein Wunder, dass die Produzenten von »Downton Abbey« dieses Gebäude auswählten, um ihre Ober- und Unterschichtsdramen zu inszenieren. Die Serie lief sechseinhalb Jahre lang und hatte weltweit 270 Millionen Zuschauer. 270 Millionen, die das Heim der Carnarvons von innen ziemlich gut kennen.

Der Ausflug nach Highclere wurde vom britischen Außenministerium und dem Fremdenverkehrsamt organisiert. Der Anlass für die Tour ist der 300. Geburtstag von Capability Brown, dem bekanntesten und einflussreichsten englischen Landschaftsarchitekten. Ich fand »Downton Abbey« nie sonderlich spannend, schon wegen der vielen Türen und Treppen, den heimlichen Protagonisten der Serie. Der Garten von Highclere ist viel interessanter. Capability Brown prägte im 18. Jahrhundert die Gestalt britischer Parks, die sich von der formellen Geometrie französischer Anlagen durch größere Lebendigkeit abhoben. Wo die Franzosen die Natur brutal in Form zwängten, mit akkurat gestutzten Buchsbäumchen, kerzengeraden Kiespfaden und steinernen Springbrunnen, ließen die Briten mehr Freiheit walten. Französische Gärten durfte man bewundern, in englischen konnte man leben. Capability Brown plante und betreute etwa 220 Projekte auf der Insel. Der Prototyp des englischen Parks, wie man ihn heute kennt, ist seinem Gestaltungsdrang zu verdanken.

Graf Carnarvon sagt, man möge ihm folgen und solle ihn, fügt er seufzend hinzu, bitte Geordie nennen, nicht Earl. Er führt uns durch den Haupteingang und geht die Wiese hinunter zur Orangerie, in der Pfirsichbäume und Rosensträucher wachsen. Carnarvon ist der achte Earl von Highclere Castle. Seine Ahnen lebten über viele Jahrhunderte in dem Gebäude, was aber nicht bedeutet, dass der Earl heute ewig Zeit hat. Er geht stets fünf Schritte vor den chinesischen Journalistinnen, die aufgrund seiner herzhaften Gehgeschwindigkeit nur wenige Tausend Außenaufnahmen von Highclere Castle machen. Der Graf sagt, die Größe und Unübersichtlichkeit des Gartens könne einem Kind durchaus Angst einjagen. Ich vermute, er meint sich selbst, traue mich aber nicht zu fragen.

Der Graf kann seine Ungeduld mit den Besuchern nur schwer verbergen. Er spricht ein wenig zu laut, rudert etwas zu wild mit den Armen und lacht nervös. Er wirkt, als sei ihm nicht sehr wohl in seiner Haut. Vielleicht fürchtet er sich wie alle Mitglieder der englischen Aristokratie vor peinlichen Situationen, die seine Besucher verursachen könnten und auf die er dann reagieren müsste. Ich frage ihn, ob er sich gerne im Garten aufhalte.

»Natürlich«, antwortet er ein wenig zu schnell. »Ich bestelle Pflanzen, ich habe Ideen. Es ist ein Job, der niemals endet. Hahaha.« Dann eilt er zur großen Efeuhecke.

Ich glaube, ein Garten sagt mehr über das Innenleben seines Besitzers als die Küche oder das Wohnzimmer. Der Park um Highclere Castle verkörpert die Sehnsucht der Elite nach Gemütlichkeit und Übersicht, ohne die Wildnis allzu sehr einzudämmen. Englische Gärten sind gebändigte Natur, ein Zusammenspiel von Ordnung und Lebendigkeit. Capability Brown, der Landschaftsgestalter, formte mit seinen Parks nicht nur die Natur, sondern die Seele

seiner Heimat. Er war weniger Gärtner als Bildhauer, der sein Roh-
material in einer Landschaft aus Hügeln, Senken, Bäumen, Tüm-
peln und Bächen fand. Sein ästhetisches Prinzip lag in Abwechslung, nicht in Wiederholung. Er schuf Tiefe und Weite, indem er
Sichtachsen freiräumte und dunklere Bäume in die Ferne pflanzte,
oft entschied er sich für Zedern. Er schuf Freiheit, indem er Alleen,
Mauern und Hecken auf den Grundstücken seiner wohlhabenden
Kunden verschwinden ließ. Er studierte seine Umgebung, verstärkte
bestimmte Eigenschaften und schwächte andere ab. Seine Eingriffe
durften nach Vollendung des Projekts nicht mehr zu erkennen sein.
Brown verhalf der Natur zu mehr Natürlichkeit, das ist der englische Ansatz.

Später fahren wir in einem Kleinbus durch den Park. Die Sonne
strahlt, der Himmel ist blau, die chinesische Kollegin von »People's
Daily Online« wechselt zum zweiten Mal die Speicherkarte ihrer
Kamera. Lady Carnarvon hat netterweise eine Landschaftshistori-
kerin organisiert, Kate Felus, die dem Fahrer zeigt, wo er anhal-
ten soll. Zum Beispiel an der alten Eiche am Rand der Schafswiese,
von der man einen hervorragenden Blick auf Highclere Castle
hat. Capability Brown war gut darin, für seine Auftraggeber Wege
anzulegen, die sich für Vergnügungsfahrten in Kutschen eigne-
ten. Die Fahrten dienten den Aristokraten dazu, ihren Besuchern
den grandiosen Besitz auf möglichst beiläufige Weise zu offenbaren. Die Kunst der subtilen Prahlerei ist eine englische Erfindung.
Die Kutschwege mussten unterhaltsam sein und nicht zu eintönig.
Sie sollten verschiedene Ansichten in Szene setzen – den See, den
Wald, eine Rotunde, einen Platz fürs Picknick – und andere Blicke
wiederum verbergen, zum Beispiel auf die Behausungen und die
Aktivitäten des Bauerngesindels.

Allerdings wäre die Sicht von der Eiche noch besser, wenn nicht
in einer Senke inmitten der Blickachse zum Schloss drei Bäume
stünden. Womöglich Buchen. Kate Felus kneift die Augen zusam-

men und petzt, dass die Bäume von Graf Carnarvon dort einge-
pflanzt wurden. Ich frage mich, ob der Graf das meinte, als er vorhin von seinen »Ideen« sprach. Kate Felus sagt, Lady Carnarvon
könne die Bäume nicht ausstehen. »Ich würde mich nicht wundern, wenn sie in einem unbeobachteten Moment mit der Kettensäge anrücken würde.« Das Highclere Kettensägenmassaker.
Eigentlich ein lustiger Gedanke, vor allem weil die Opfer nicht
schreien können.

Keine Frage, Lady Carnarvon ist die Puristin im Haus. Sie liebt
das Vermächtnis von Capability Brown und toleriert keine Abwei-
chungen vom Ideal. Brown besuchte Highclere im Jahr 1770 und

schlug unter anderem vor, drei Fischtümpel zu einem großen See zusammenzulegen, der sich bis heute in mehreren Verästelungen und kleinen Buchten über das Grundstück windet. Nach Browns Plänen modellierten Arbeiter die Wiesen und Anlagen, gaben dem Park Konturen, leiteten Bäche um, pflanzten Zedern und beseitigten Baumstümpfe. Die Arbeit diente auch dazu, das Grundstück größer wirken zu lassen, weitläufiger. Brown lebte in der Ära der Vernunft und Klarheit. Der englische Philosoph John Locke, dessen Gedanken das 18. Jahrhundert einläuteten, sah im Menschen eine rationale Kreatur, die Sicherheit schätzt. Das kommt in Highclere genauso zur Geltung wie die Sehnsucht nach Struktur.

Das ist auch der Grund, denke ich, weshalb »Downton Abbey« so viele Fans hat. Die Dienstmädchenromantik ist wieder modern in England, Großbritannien hat eine stark ausgeprägte nostalgische Seite. Die Serie öffnet das Tor in eine Zeit, in der die Menschen ihren Platz in der Gesellschaft kannten und nicht immerzu damit beschäftigt waren, aufzusteigen, ihre Stellung zu halten oder den

Abstieg zu verhindern. Soziale Mobilität war, wenn die Küchenmagd mit dem Hausherrn schlief. Mehr nicht.

Eine Angestellte führt uns durch das Haus. Von innen wirkt Highclere Castle wie das Museum einer erfundenen Familie. In der Bibliothek hat jemand Fotos von Lady und Lord Carnarvon mit ihren Kindern auf staubfreien Barocktischchen arrangiert. Auf Stühlen und Sesseln liegen kleine Faltkarten mit der Aufschrift: »Bitte nicht hinsetzen«. Fotografieren darf man immer noch nicht. Vielleicht existieren die Carnarvons tatsächlich nicht, und sie entstammen wie »Downton Abbey« dem Hirn eines Drehbuchschreibers.

Ich frage mich, wie jemand in einem Anwesen mit 300 Zimmern wohnen kann, ohne verrückt zu werden und stelle mir vor, wie Lady Carnarvon nachts mit einer Kettensäge über die Wiese läuft, um Bäume zu fällen. Ich ziehe im Regal vorsichtig an einem Buchrücken, um zu prüfen, ob es sich um Attrappen handelt, wie in den Schauregalen bei Ikea. Das Buch ist echt, zumindest dieses.

Zum Lunch gibt es Sandwiches und Gurkensuppe, die in einem Zelt auf der Wiese serviert werden. Anschließend sinkt Lady Carnarvon auf einen Stuhl im Besuchercafé. Es war ein langer, anstrengender Tag. Die Hausherrin wirkt erschöpft, aber zufrieden. »Wir sind im Bewirtungs-Business«, sagt sie. Die Tour für die Journalisten diene dazu, das Interesse für Highclere Castle aufrechtzuerhalten, nachdem die Filmcrew von »Downton Abbey« nach sechs Staffeln abgezogen ist. Man könne das Haus für Hochzeiten und Empfänge mieten. »Die Leute finden hier ein England, das es nicht mehr gibt.« Sie erzählt auch von ihren Bauprojekten und ihrer Ambition, den Park in den kommenden Jahren allmählich wieder in seine Ursprungsform zurückzuversetzen, so wie es die Pläne von Capability Brown vorsahen. Ich frage sie, was sie mit den drei Bäumen plant, die Geordie gepflanzt hat. Lady Carnarvon lächelt. »Irgendwann, wenn er mal unterwegs ist ...« Sie lässt den Satz unvollendet, aber ich weiß, sie denkt an die Kettensäge.

Die Grube ist dicht

Am Stammtisch mit Bergleuten
in Wakefield

»Ich bin zum ersten Mal mit 15 unter die Erde. Im Prinzip hätte ich auch Installateur werden können oder Tischler, die Arbeit lag damals ja auf der Straße. Aber als Bergmann wurdest du wesentlich besser bezahlt. Deshalb bin ich in die Grube, wie mein Vater. Mein Anfangsgehalt als Azubi in der Zeche von Kellingley lag bei fünf Pfund, 15 Schillingen die Woche, das war 1967. Damals konntest du dich noch richtig betrinken für fünf Pfund und vom restlichen Geld auf dem Heimweg eine ordentliche Portion Fish and Chips kaufen. Das geht heute ja gar nicht mehr.«

John Tempest sitzt im Aufenthaltsraum des Kellingley Social Club in Knottingley, einem alten Bergarbeiterort südöstlich von Leeds. Es ist ein trüber Freitag kurz vor Weihnachten. Für John geht an diesem Tag nicht das Jahr zu Ende, sondern ein Zeitalter. Kellingley wird dicht gemacht, eine der größten, ertragreichsten Zechen Großbritanniens, die letzte tiefe Steinkohlegrube im Land. Mit Kellingley verschwinden nicht nur Hunderte Jobs, es stirbt nicht nur ein Bergwerk, sondern, man kann das nicht kleiner sagen, ein Teil von Großbritannien. Kohle war der Brennstoff der industriellen Revolution, sie trieb Dampfmaschinen an und Züge und half, das Empire noch größer, noch mächtiger zu machen. In keinem anderen Land ist der wirtschaftliche Aufstieg so eng mit Kohle verknüpft gewesen, England war die glühende, stampfende, ächzende Werkstatt Europas. Später, in den Achtzigerjahren, wurde Kohle zum Sprengstoff zwischen Bergleuten und der Thatcher-Regierung, zwischen Arbeitern und Tories. Die Streiks, die Drei-Tage-Woche, der Kampf der Arbeiter gegen den Staat – all das ist noch präsent im kollektiven Bewusstsein der Briten, in den Songs von Billy Bragg, in Filmen wie »Brassed Off« oder »Billy Elliot«. Kohle war nie nur ein unschuldiger schwarzer Rohstoff, sondern eine politische Kraft, sie verband das Land zuerst und riss es später auseinander. Als die Kohle nicht mehr gefördert wurde und mit ihr die Zechen verschwanden und die Kumpels in Rente gingen oder arbeitslos wurden, machte sich ein Phantomschmerz breit, der bis heute spürbar ist.

Das nahende Ende von Kellingley ist deshalb eine traurige, aber unvermeidliche und vielleicht sogar überfällige Geschichte. Die Zeitungsberichte vor der Schließung lasen sich wie Nachrufe auf ein Wesen, das viele schon lange für tot gehalten hatten. Das Land war müde, die Kämpfe und Debatten waren vor Jahrzehnten schon ausgefochten worden. Kohle galt für die Mehrheit der Briten als Substanz von vorgestern, aus dem 19. und 20. Jahrhundert. Viele auf der Insel wussten gar nicht, dass Kellingley noch existierte. John Tempest grub sich mit seinen Kumpels in den vergangenen Jahren wie ein Untoter durch die Erde, ein Vergessener.

Ich hatte ihn zufällig getroffen. Mein Plan war, am letzten Betriebstag mit der letzten Schicht unter Tage zu fahren und dabei zu sein, wie die Bergleute die Schließung ihrer Grube erleben. Allerdings bekam ich dafür keine Erlaubnis von UK Coal, dem Betreiber. Ich schlenderte deshalb hinüber zum Kellingley Social Centre, einem Musik- und Tanzclub für Bergleute und Mitarbeiter der Zeche, wo sich an diesem Dezembertag alte Kumpels trafen, samt Gattinnen. Der Club ist in einem zweistöckigen Klinker-

bau untergebracht, der noch heute mit Kohle aus der Zeche beheizt wird. Man konnte die goldenen Sechzigerjahre riechen. In Vitrinen hingen Zeitungsausschnitte aus der Ära, als Knottingley die Boom Town von Yorkshire gewesen war. Jemand hatte sogar die alten Ankündigungszettel aufbewahrt: die Dallas Boys traten hier auf, Russ Conway, die Kaye Sisters und andere Musiker, die heute so vergessen sind wie die Bergleute.

John saß in einem der hinteren Räume, die für Funktionäre der Bergarbeiter-Gewerkschaft reserviert war, und stocherte in einem Schweinebraten. Er und seine Kumpels wollten an diesem Abend eigentlich ihre jährliche Weihnachtsparty feiern, aber wenige Tage vorher war bekanntgegeben worden, dass dies der letzte Betriebstag von Kellingley werden würde. Aus der geplanten Party wurde eine Trauerveranstaltung.

John ist 63 und arbeitete 47 Jahre lang in der Grube. Einen großen Teil seines Lebens verbrachte er unter Tage. Während er erzählt, kommen immer wieder Freunde und Kollegen, setzen sich zu uns und streuen eigene Erfahrungen ein. Aus dem Tanzsaal dringen gedämpfte Partyhits aus den sechziger und Siebzigerjahren.

»Ich erinnere mich noch genau an meine ersten Einsätze in Kellingley. Es war beängstigend. Es gibt hier zwei Schächte, jeweils 800 Meter tief. Ich stieg mit den anderen Kumpels oben in den Aufzug, einen Käfig, der uns unter die Erde brachte. Als Azubi durfte ich keine Nachtschichten machen, Jungs unter 18 war es gesetzlich verboten, später als 22 Uhr zu arbeiten. Dafür durften wir in die Nachmittagsschicht, was im Prinzip dieselbe Arbeit war. Am Eingang der Stollen transportierten uns Züge tiefer in den Berg hinein, wir nannten sie paddy cars. Mit ihnen ging es drei, vier, fünf Meilen lang unter Tage entlang. Je weiter wir fuhren, desto wärmer wurde es, denn die Luft, die von oben in die Grube gepumpt wurde, strömte über heiße Maschinen und erhitzte sich. In meinen letzten Arbeitsjahren herrschten unten 32 Grad. Die Luftfeuchtigkeit lag bei fast 100 Prozent. Meistens mussten wir den letzten Teil der Strecke bäuchlings auf Förderbändern zurücklegen. Einige Kumpels waren so beknackt und setzten sich aufrecht auf die Bänder. Viel zu gefährlich.«

Im Saal nebenan spielt der DJ »Stand by me« von Ben E. King. John schmunzelt über den Leichtsinn, mit dem sich einige Männer in der Grube bewegten. Wie viele starben bei der Arbeit, fragt er sich, waren es 27 oder vielleicht 30? Vier oder fünf Kumpel verloren allein in den vergangenen fünf Jahren ihr Leben. Und wie viele mehr wurden verletzt, weil sie unachtsam oder dumm waren?

And darling, darling, stand by me /
oh stand by me.

»Es war mysteriös dort unten, eine halbe Meile unter der Oberfläche. Du konntest das Knacken und Ächzen der Streben hören. Die Gesteinsschichten arbeiten ständig. Als ich später mit der Maschine Kohle schnitt, kam es vor, dass das Gebirge hinter mir einbrach. Zum Glück waren wir unter den hydraulischen Stützschildern relativ sicher. Trotzdem spürte ich, wie sich schlagartig die Atmosphäre veränderte. Die Luft strömte plötzlich in die Gegenrichtung. Das passierte oft mehrmals am Tag. Du achtest immer auf die Luft. Einmal war ich unten im 49er, dem ertragreichsten Flöz, und sollte mit einem Kumpel ein Hangende in fünf oder sechs Meter Höhe abstützen. Wir mussten auf die Stahlschilde klettern und Bohlen schichten, um die Decke abzustützen, damit nicht noch mehr runterkam. Wir kletterten immer höher. Irgendwann rief ich zum Vorarbeiter, dass ich einen Luftzug gespürt hätte. Er antwortete: ›Das ist keine Luft, das ist die Angst.‹«

John spricht im rauen, derben Dialekt von Yorkshire, *fuck* ist *fuck* mit trockenem U, nicht »fack«. *Enough* ist »enuff«. Und seine Freunde aus der Grube sind immer, immer die *lads*, die Jungs, auch wenn sie längst so alt und glatzköpfig sind wie John. Seine Sätze enden nicht mit einem Punkt, sondern mit *y'knowhatImean*. Yorkshire-Englisch für: keine Nachfragen.

Ein alter, grauhaariger Mann setzt sich zu uns, sicher über 80. Er stellt sich als Joe vor und fragt, ob er unterbrechen dürfe.

»Bei meinem ersten Job stand ich mit einem Bohrer im Stollen, das war 1951«, erzählt Joe. »Hinter mir luden die Jungs die Kohle per Hand auf die Wägen. Die Stützen und Bohlen waren aus Holz. Kein Stahl, alles Holz. Nachdem wir ein neues Flöz aufgemacht hatten, hörte man tagelang nur krrrrrrk.« Er presst ein Knarzgeräusch aus seinem Hals. Das Holz bog sich unter den Gesteinsmassen. »Terrifying it were«, sagt Joe. Übersetzt: Ihm ging ziemlich die Düse.

We're walking on sunshine, oh-oh.

We're walking on sunshine, oh-oh-oh.

John streicht seine Krawatte glatt und erzählt weiter.

»Die ersten großen Streiks begannen 1972, sieben Wochen blieben wir zu Hause. 1974 waren es drei Monate. Unseretwegen musste damals der Strom rationiert werden, etliche Firmen waren gezwungen, ihre Maschinen zeitweise abzuschalten. Die Regierung führte die Drei-Tage-Woche ein, mehr Elektrizität konnten die Kraftwerke ohne Kohle nicht produzieren. 74 wird immer das Jahr bleiben, in dem die Bergleute das Licht in Großbritannien ausknipsten. Trotzdem standen uns viele Menschen bei, sobald sie sahen, wie wenig wir verdienten. Ted Heath, ein Tory, war damals Premierminister, aber nicht lange. Mit unseren Streiks kickten wir ihn und die Konservativen aus der Regierung, wir wollten mehr Geld und bessere Arbeitsbedingungen. 1975 kam Labour an die Macht.«

Es waren die glorreichen Jahre des stolzen englischen Bergmanns. John und seine Kumpel ahnten zwar damals schon, dass eine neue Phase angebrochen war: das Atomzeitalter, die Ära der vermeintlich sauberen, alles andere überstrahlenden Energie. Aber gleichzeitig gehörte er doch zu denjenigen, dachte er, die schon immer da gewesen waren und auch in Zukunft bleiben würden. Oder nicht? Als die Streiks aggressiver wurden, die Stimmung im Land aufgeheizter und die Regierung unerbittlicher, war John ein junger Mann mit einer kleinen Familie. Er sei unpolitisch gewesen, sagt er. Alles, was er wollte, war Arbeit in der Grube, ein kleines Haus und ein halbwegs gutes Leben. Seine beiden Töchter wurden 1979 und 1982 geboren, in die beginnenden Thatcher-Jahre hinein. In der Rückschau betrachtet hätte er sich damals umorientieren sollen, andere Branche, anderer Job, andere Stadt, oder zumindest ein wenig strategischer handeln.

»Thatcher machte Anfang der Achtzigerjahre Druck auf uns, zuckte aber wieder und wieder zurück. Sie merkte, dass die Leute doch noch solidarisch mit den Bergleuten waren. Die Regierung wartete ab und füllte in der Zwischenzeit die Kohledepots. Im März 1984 fing der bis dahin größte Streik an. Natürlich wurden wir nicht bezahlt in der Zeit, in der wir zu Hause blieben, sondern lebten von den Reserven der Bergarbeiter-Gewerkschaft. Ich bekam 21 Pfund

die Woche, viel weniger als mein Arbeitslohn von 100 Pfund. Je länger der Streik dauerte, umso schärfer wurde der Gegenwind. Am Ende war fast die gesamte landesweite Presse gegen uns und ein großer Teil der BBC. Wir wollten verhindern, dass Zechen geschlossen wurden, wir waren wütend darüber, dass die Regierung die Subventionen für den Bergbau kürzte, und wir forderten höhere Löhne. Ich wurde bei Protesten drei Mal verhaftet. Es war hart, irgendwann konnten wir uns die Hypothekenzahlungen nicht mehr leisten und mussten meine Familie um Hilfe bitten. Unsere Ersparnisse waren weg, als der Streik nach einem Jahr zu Ende ging. Einige Kumpels verloren Haus und Ehe. Kellingley hatte sich verändert wie das ganze Land. Es gab Animositäten und Zoff in der Zeche, weil einige von uns während des Streiks weitergearbeitet hatten. Sie galten als Verräter. Einer von denen kam eines Abends mit einer Schrotflinte ins Pub, weil sein Haus beschmiert worden war. Ihm hatte offenbar die Farbe nicht gefallen. Trotzdem waren die zwölf Monate Streik die besten meines Lebens, *y'knowhatImean*.«

Nach Ende des Streiks bekam John seinen alten Job zurück, er fuhr wieder unter Tage. Wenig verwunderlich, dass er zunächst nicht glauben konnte, dass der Streik der Anfang vom Ende für ihn und die anderen Kumpels war. Das 21. Jahrhundert lag zum Greifen nah, das sah er schon. Was er aber nicht sah oder nicht sehen wollte, war, dass der Bergarbeiter nicht mit über die Schwelle ins digitale Jahrhundert treten würde. Er war die Figur einer Zeit, in der es keine Klimakonferenzen und keine CO_2-Ziele gab, in der der Geruch von flüssigem Teer über Europa schwebte und Aufbruch verhieß, Zukunft, Wachstum. Das 21. Jahrhundert dagegen würde den Bergmann so wenig benötigen wie den Flößer oder den Pferdekutscher.

So won't you, please, be my be my baby

Be my little baby my one and only baby

»47 Jahre lang bin ich in die Grube runter. Ich habe Arthritis in den Gelenken, vom Bücken, Kriechen, Hinknien. Mein Dad hatte eine Staublunge, aber natürlich haben sie ihm dafür im Ruhestand nicht einen Penny zusätzlich gezahlt. Erst nach seinem Tod sah der Amtsrichter bei der Autopsie, dass seine Lunge schwarz war. Dad nahm die Pension mit ins Grab. Mein letzter Arbeitstag war im Juni 2014. Es tat weh, als ich den Brief aufmachte, in dem stand, dass ich nicht mehr gebraucht würde und am Montag nicht zur Arbeit erscheinen müsse. Kellingley war da längst nicht mehr in Staatsbesitz und gehörte einem privaten Konsortium. 47 Jahre, kein Dankeschön, keine guten Wünsche für die Zukunft. Nicht, dass ich das bräuchte. Ich habe mich dann beim obersten Chef gemeldet und gesagt, ich erwarte das ja alles nicht, kein Danke, aber es gibt sicher Leute in Kellingley, die das erwarten. *Y'knowhatImean*. Er sah es ein. Hinterher sprach die Geschäftsleitung den Leuten wenigstens ihren Dank aus.«

Eine Frau tritt herein.

»John, you alright? Was treibst du jetzt so?«

»Ach, ich hab drei Enkel. Und die haben Hunde. Genug zu tun. Nebenbei kutschiere ich meine Töchter durch die Gegend.«

»Gestern wollte ich noch mal zur Zeche«, sagt die Frau. (Zu mir gewandt:) »Hab dort jahrelang in der Kantine gearbeitet.« (Wieder zu John sagt sie:) »Die haben mich am Tor allen Ernstes gefragt, ob ich eine gültige Einlasskarte habe oder eine Einladung oder sowas. Ich wurde sonst immer durchgewunken. Jesus! Die kennen mich doch. Seh' ich vielleicht aus, als würde ich die Grube ausrauben?«

John leert sein Pint und macht ein Zeichen, dass er raus will, eine rauchen. Er wirkt erschöpft. Wenn ihm die vergangenen Jahrzehnte eines gezeigt haben, dann, dass sich ein Bergmann auf niemanden verlassen sollte außer auf sich selbst und seine Kumpels. Die meisten davon jedenfalls. Die Regierung ließ ihn im Stich, die Gesellschaft, das ganze Land, so sieht er das. Bittere Erkenntnis nach einem halben Leben unter der Erde. Noch bitterer aber ist, dass da unten, Johns Daumen zeigt auf den Fußboden, noch Kohle für viele, viele Jahre lagert. Man müsste sie nur fördern. Leider ist Importkohle aus den USA, Russland und Kolumbien billiger. Wenn

John etwas schlechte Laune macht, dann, dass es noch Arbeit gäbe, aber ihm schlichtweg nicht gestattet wird, sie zu tun.

Ich frage ihn, ob seine Frau noch zur Weihnachtsfeier kommt. Er schüttelt den Kopf.

»Sie kommt nie in den Club. Früher war das ein Ding für *lads*. Ich gebe zu, dass ich in dieser Sache ein bisschen altmodisch gewesen bin. Damen gehörten für mich einfach nicht in diesen Club. Als ich mich dann vor nicht allzu langer Zeit endlich durchgerungen hatte, sie zu fragen, ob sie mich begleiten wolle, hatte sie auch keine Lust mehr. Verständlich. Ihre exakten Worte waren: Verpiss dich.« Auf Englisch: »Get stuffed.« Mit sehr, sehr trockenem U.

Im Ernst

Wie ich in einer Satire-Show versuchte,
den Briten die Wahrheit zu sagen

In London erscheinen werktäglich zwölf Zeitungen sowie drei Gratisblätter, dazu kommen Samstags- und Sonntagsausgaben, schwer wie Grabplatten. Sky News produziert hier sein Fernsehprogramm, dazu itv, Channel 4 und kleinere Sender, und dann laufen natürlich noch im Fernsehprogramm der BBC alle möglichen politischen Shows. Im Radio sieht es ähnlich aus. Hunderte Redaktionen müssen also jeden Morgen bizarre Mengen an Papier und Tausende Fernsehminuten mit Berichten, Analysen, Interviews, Meinungen füllen, Radiosendungen erstellen, Internetseiten vollschreiben. Man kann in London praktisch nicht das Haus verlassen, ohne ein Mikrofon ins Gesicht gedrückt oder eine Fernsehkamera in den Brustkorb gerammt zu bekommen.

Die britische Hauptstadt ist die Metropole des Journalismus, hier liefen schon zu Zeiten des Empire die Informationsfäden aus verschiedenen Teilen der Welt zusammen. Der Handel mit Nachrichten und Geschichten ist ein essentieller Teil der Westminster-Demokratie, die auf Debatten aufgebaut ist und auf die möglichst überzeugende Präsentation von Argumenten. Die Briten sind ein Redevolk, aber da nicht alle von ihnen gerne live auf Sendung sind und / oder einen hellen Gedanken zur politischen Großwetterlage entwickeln wollen, herrscht im Debattengeschäft stets eine aus Produzentensicht beängstigende Knappheit an Interviewpartnern. Die Sender beschäftigen deshalb eine Armee von Helfern, sogenannte producers, die mit nichts anderem beschäftigt sind, als Leute ins Programm zu schaufeln, die einmal im Leben eine Frage richtig beantwortet haben. Das genügt. Mehr verlangen die Producer gar nicht. Aber weil der Bedarf an O-Ton-Gebern und Hobbypolitologen trotz dieser niedrigen Schwelle oft nicht gedeckt werden kann, greifen viele Sender zum verzweifeltsten Mittel des Politikjournalismus: Sie interviewen andere Journalisten. Und hier kommen Auslandskorrespondenten ins Spiel. Leute wie ich also.

Briten twittern wesentlich mehr als Deutsche, am liebsten aber hören sie es, wenn andere ihre Meinung über sie äußern. Als Auslandskorrespondent wäre man dafür wie gemacht. Die Sache ist nur, dass man als in London lebender Mitarbeiter einer ausländischen Zeitung wenig bis nichts davon hat, seinen Oberkörper ins Fernsehen zu halten oder seine Stimmbänder vor ein Radiomikro, abgesehen davon, seine Eitelkeit zu befriedigen. Die Honorare sind sehr niedrig, und überhaupt ist man ja hier, um den Deutschen England zu erklären, nicht andersherum. Der unter deutschen Auslandsreportern herrschende Konsens lässt sich daher etwa so zusammenfassen: Außer der Today-Show auf BBC Radio 4 mache ich nichts.

Radio 4 ist Deutschlandfunk in nicht langweilig. Die Today-Sendung läuft von Montag bis Freitag morgens von 6 bis 9, ihr eilt der Ruf voraus, die Nachrichtenlage auf die interessantestmögliche Art abzubilden und voranzutreiben, ohne zu dramatisieren oder zu vereinfachen. Die Interviews mit Politikern werden bissig bis aggressiv geführt, vielleicht gehört die Sendung deshalb angeblich zu den Lieblingsprogrammen der Queen. Es ist nicht maßlos entspannend, als Gast im Studio aufzutreten, aber die einhellige Meinung ist, dass man als ausländischer Journalist eine Anfrage von Radio 4 Today, sollte sie denn tatsächlich kommen, auf keinen Fall ablehnen darf, niemals. Es gehört sich nicht. Es wäre ein Affront gegen die Queen, mindestens.

Ich tat es trotzdem, ohne Absicht allerdings. Es war Montag früh um halb acht, ich stand gerade mit zwei vollen Händen am Wickeltisch, als in der Küche das Telefon klingelte. Die Mailboxnachricht der Today-Producerin hörte ich um kurz vor acht ab. Sie erkundige sich im Auftrag der Today-Show, ob ich in der nächsten Dreiviertelstunde etwas über die AfD und Frauke Petry sagen könne, live am Telefon. Am Wochenende hatte die AfD bei drei Landtagswahlen zweistellige Ergebnisse erzielt, das wusste ich, aber ich hätte für Radio 4 auch über die japanische Wirtschaft geredet oder über Fidel Castro. Dummerweise war ich zu Hause alleine mit unserer Tochter. Sie ist meistens brav, aber wie alle Mädchen von anderthalb Jahren an aufwärts sehr, sehr unberechenbar. Ich schaute sie an, sie schaute mich an, und ich beschloss, dass das Risiko zu groß ist, meinen Jahrhundertauftritt bei Radio 4 durch Babygewimmer im Hintergrund zu ruinieren. Ich sagte ab.

Dann aber meldete sich zwei Tage später, am Mittwoch, erneut Radio 4. Ob ich die deutsche Perspektive auf das britische EU-Referendum erläutern könne, fragte der Producer der »Now-Show«, nennen wir ihn Joseph Nunnery, Spitzname Joe. Ich sagte: Okay, Joe. Glücklich über die zweite Chance, unwissend allerdings, dass Joe nicht für eine politische Sendung arbeitet, sondern für eine Satire-Show. Das wurde mir erst nach meiner Zusage bewusst. Außerdem wird die Show nicht in einem kleinen, intimen Studio aufgezeichnet, wie ich mir vorstellte, sondern donnerstagabends um acht im Radio Theatre. Und zwar vor Livepublikum, das mutmaßlich aus unberechenbaren, leicht angetrunkenen Briten bestehen würde. Schön. Ich kam da nicht mehr raus, jedenfalls nicht, ohne zu lügen oder mich auf alle Zeit unbeliebt zu machen.

Vielleicht, sagte ich mir, wäre das eine gute Chance, den Briten mitzuteilen, was ein Kontinentaleuropäer wie ich von dieser

EU-Debatte auf der Insel wirklich hält. Dass ich, wie viele auf dem Kontinent, genervt bin von der britischen Obsession mit Europa; dass wir dringendere Dinge zu erledigen haben; dass Flüchtlinge, Griechenland, Terror ziemlich weit oben auf der Prioritätenliste stehen und England eher weniger. All das, verpackt in ein Lächeln, eingewoben vielleicht in einen Scherz – wäre das die ganze Aufregung nicht wert?

Ein Assistent von Joe holte mich an der Rezeption des BBC-Rundfunkgebäudes in der Nähe der Oxford Street ab. Er wolle mich vor dem Soundcheck noch kurz in den Green Room führen und mich den übrigen Comedians vorstellen. Ich bin sicher, dass er den Ausdruck »die übrigen Comedians« benutzte, als wäre ich einer von ihnen. Im Green Room saßen vier Männer und zwei Frauen. Alle hatten beste Laune. Hugh und Steve, die beiden Moderatoren, begrüßten mich und fragten, welche Sorte Bier ich trinke – Lager, Pils, Guinness? Mir fiel auf, dass alle ein Skript in der Hand hatten und darin blätterten. Alle, außer mir. Brauchte ich nicht auch ein Skript?

Joe sagte: »Quatsch, das machst du ohne.«

Beim Soundcheck stellte ich fest, dass das Radio Theatre Platz für ungefähr 300 Zuschauer bietet, die, wie ich inzwischen fast sicher wusste, rachgierige, europaskeptische, volltrunkene Weltkriegsveteranen sein würden, die nur darauf gewartet hatten, einen Deutschen zum Fraß vorgeworfen zu bekommen.

Joe sagte: »Setz dich in die erste Reihe und warte, bis du auf die Bühne gerufen wirst.«

Das Radio Theatre war an diesem Abend bis auf den letzten samtroten Klappsessel voll besetzt – meinen. Ich sank in das Polster neben eine Frau im Sommerkleid. Sie drehte sich weg, als ich hallo sagte. Als aber Hugh, Steve und die übrigen Komiker auf die Bühne traten, fiel die englische Reserviertheit von ihr ab und ging in irre Heiterkeit über. Meine Hypothese ist, dass der gewöhnliche

Mittelschichts-Brite sämtliche Erscheinungsformen von Comedy deshalb so gerne mag, weil sie ihm eine Ausrede bieten, aus sich herauszugehen und komplett auszuflippen. Schon nach den ersten Aufwärm-Gags lachte meine Sitznachbarin Tränen und schlug sich, den Oberkörper vor- und zurückwerfend, auf die Schenkel, weil ihr alles so lustig vorkam. Die ganze Sitzreihe wackelte. Ich versuchte, mich mit Atemtechniken zu beruhigen.

Um es kurz zu machen: Es lief okay. Mein Auftritt dauerte eine Viertelstunde. Ich hörte mir, während ich sprach, selbst dabei zu, wie ich die Fragen von Hugh und Steve beantwortete. Was ist mit Deutschland los, wie steht's mit Merkel? Was denkt ihr Deutschen über Europa, was haltet ihr vom britischen EU-Referendum und von uns im Allgemeinen? Ich hatte mir vorher auf einen Tipp von Joe hin ein, zwei Anekdoten überlegt, verglich meine Beziehung zu meiner Freundin mit dem komplizierten deutsch-britischen Verhältnis und sagte, dass die meisten Deutschen den klischeehaften Briten für eine Mischung aus John Cleese und Mr. Bean halten. Zu meiner Überraschung lachten die Leute. Ich sagte, viele in Europa verfolgten die britische Debatte über die EU mit einiger Genervtheit. Mehr Lacher. Ich erzählte vom deutschen Europa-Budget, das bezogen auf den Gesamthaushalt nur ungefähr 0,5 Prozent betrage – die Briten sollten sich nicht so anstellen und nicht ständig über ihren Anteil am EU-Haushalt jammern. Das Publikum konnte sich kaum mehr auf den Sitzen halten.

Am Ende gratulierten mir alle zu dem Auftritt. Sogar meine Sitznachbarin nickte mir anerkennend zu. Joe klopfte mir auf die Schulter, die übrigen Comedians ebenfalls. Später schnitten sie das Interview mit mir auf eine Länge von vier Minuten. Nach der Ausstrahlung am folgenden Abend bekam ich Nachrichten von Freunden, Bekannten und unseren Vermietern, auf Twitter schrieben wildfremde Leute, wie lustig ich gewesen sei. Alle hatten sich köstlich amüsiert.

Ich hörte mir die Sendung zu Hause auf dem Sofa an und fragte mich, ob nicht einige meiner Bewertungen fehlten. Wo waren die kritischen Einschätzungen zu den Briten und der EU-Debatte? Warum hatten es vor allem die amüsanten Stellen in die Sendung geschafft? Ich war mir nicht mehr sicher, was ich gesagt hatte und was nicht. Würde mich die britische Öffentlichkeit jetzt nur noch als den Clown aus Deutschland sehen? Meine Erkenntnis ist, dass man in einer Comedy-Show nie derjenige sein darf, der es ernst meint. Die Leute von der Today-Sendung haben nie wieder angerufen.

Im Land der tausend Augen

John le Carré über die Figur
des englischen Spions

In der Typologie des britischen Spions gab es bislang zwei extreme Varianten: James Bond und Alec Leamas. Auf der einen Seite der unzerstörbare Gentleman-Agent von Ian Fleming, auf der anderen der ausgebrannte Geheimdienstler aus John le Carrés Thriller »Der Spion, der aus der Kälte kam«. Bond und Leamas könnten nicht verschiedener sein, obwohl sie aus derselben Zeit stammen, dem Kalten Krieg der Sechzigerjahre. Wo aber Bond immer sicher war, auf der guten, einwandfreien Seite für die Regierung Ihrer Majestät zu kämpfen, verhedderte sich Leamas in einem Gestrüpp aus Intrigen, Zweifeln und moralischen Bedenken. Bond bleibt Rambo und Verführer. Leamas dagegen ist der Burnout-Kandidat unter den Agenten, gefangen im Mittelbau einer zynischen Bürokratie, mit einer Freundin, die für seinen Job wenig Verständnis aufbringt.

Seit 2013 gibt es, enthüllt von Edward Snowden, neben Bond und Leamas eine weitere Variante des britischen Agenten: die Datenkrake. Ihr Hauptquartier liegt in Cheltenham, in einem Städtchen zwei Stunden nordwestlich von London, wo der Abhördienst GCHQ sitzt. Im Gegensatz zu den beiden Romanfiguren ist dieser Typ Spion keine Erfindung. Snowdens Dokumente zerrten einen Agenten ans Licht, halb Mensch, halb Algorithmus, der sich im Digitalen eingenistet hat, Daten in unvorstellbar großen Mengen absaugt, filtert, speichert und durchsucht, um hypothetisch jeden Nutzer überwachen zu können, überall auf der Welt, ob er in Peking am Computer sitzt, in Beirut telefoniert oder in Stuttgart mit dem iPad surft. Die Spione in Cheltenham wollten nichts weniger als das »Internet beherrschen«, so steht es in einem der Snowden-Dokumente.

Das Überraschende daran war erstens, dass diesmal nicht (nur) die Amerikaner am Pranger standen, zweitens, dass die Briten derart effizient das Netz überwachen, und drittens, dass sich eine der in Spionagedingen erfahrensten Nationen der Welt dabei hatte erwischen lassen. Ausgerechnet die Briten. Den Leuten beim GCHQ war das alles ungeheuer peinlich. So unangenehm, dass sie Techniker in die Redaktion des »Guardian« schickten, um sicherzustellen, dass die Dateien des Whistleblowers, von denen die Zeitung Kopien besaß, ordnungsgemäß zerstört wurden. Bürokratie und Wahnsinn. Durch Snowden wurde der Blick frei auf einen gierigen, ziemlich paranoiden, potenziell allwissenden Spionageapparat. Gigantischer konnte die Distanz zum Klischee der Sechzigerjahre kaum sein. Der englische Spion des 21. Jahrhunderts: ein düsterer Nerd.

Wie konnte es so weit kommen? In Cheltenham kann man niemanden fragen. Spione reden nicht. Man braucht einen Geheimdienstexperten, der sich seit Jahrzehnten mit dem Innenleben von Agenten beschäftigt, jemanden, der einmal selbst in der Verschwörungsmaschinerie saß. Nichts wie hin also zu John le Carré. Sein »Spion, der aus der Kälte kam« erschien 1963, seitdem ließ ihn die Welt der Agenten nicht mehr los. Le Carré schrieb 23 Romane, fast alle spielen in der Welt der Desinformation, Täuschung und Lüge. Außerdem arbeitete er vor seiner Autorenkarriere selbst einige Jahre als Nachrichtenbeschaffer beim Inlandsgeheimdienst MI5 in London, später beim Auslandsdienst MI6 in Bonn.

Le Carré hat in sein Stadthaus in Hampstead eingeladen, Nord-London. Es ist ein kalter Dezemberabend, das Haus liegt schweigend in der Dunkelheit. Nur durch das Wohnzimmerfenster fällt Licht auf die Straße. Ich klingle, und kurze Zeit später öffnet ein milde lächelnder Mann in Hausschlappen die Tür. Le Carré bittet freundlich ins Wohnzimmer, setzt sich in den Armsessel neben der Stehlampe und schlägt die Beine übereinander. Taxieren des Gegenübers, Smalltalk, es dauert nicht lange, bis er zu der Sache kommt, die ihn am meisten beschäftigt. »Haben Sie meine Biografie gelesen?«, fragt er.

Wenige Wochen zuvor war die erste, lang erwartete le Carré-Biografie erschienen, geschrieben von Adam Sisman, einem britischen Autor, der sich zu den großen Fans des Schriftstellers zählt. Le Carré gewährte Sisman Zugang zu seinem Privatarchiv, vermittelte Kontakte zu Freunden und Weggefährten, öffnete ihm einen Teil seines Lebens, aber das Ergebnis fiel aus Sicht des Betroffenen enttäuschend aus. Le Carré sieht wenig Übereinstimmungen zwischen sich und Sismans Hauptfigur. Er zieht seine riesigen, wolkenförmigen Augenbrauen hoch. Sein Blick sagt: Unwahrscheinlich öde, dieses Buch, nicht?

Das Problem liegt aus seiner Sicht nicht am Subjekt. Er habe das Gefühl gehabt, so le Carré, ein außergewöhnliches Leben geführt zu haben, mit Beteiligung am Kalten Krieg und Bekanntschaften, die von Arafat bis zu ehemaligen KGB-Chefs reichten. Er habe sich nicht zugetraut, eine glaubwürdige Quelle der eigenen Existenz zu sein, deshalb habe er eine Autobiografie nie in Erwägung gezogen, zumindest bis jetzt nicht. Aber, sagt le Carré, wenn jemand wie Sisman ein ganzes Leben von der Geburt an chronologisch aufblättere, Seite um Seite, und sei dieses Leben noch so spannend gewesen, dann lese sich das Ergebnis am Ende doch wie ein Telefonbuch, nicht? Le Carré nickt, der Gedanke gefällt ihm. Ja, ein Telefonbuch.

Er holt Luft, man merkt, dass er sich nicht aufregen wollte, er entschuldigt sich. Er sei abgedriftet von der Ausgangsfrage, die ja lautete, wie es zu diesem Abhörskandal und dieser Datengier kommen konnte, und wie sich der britische Spion in den vergangenen Jahrzehnten verändert hat. »Lassen Sie mich kurz ...«, beginnt le Carré und taucht in einen Monolog über die Ursprünge des britischen Geheimdienstwesens ab.

Le Carré ist nicht nur ein begnadeter Autor, sondern auch ein begabter Abschweifer und Ablenker, vor allem dann, wenn man versucht, ihm persönlich nahezurücken. Schon sein Name ist eine Tarnung, damit fängt es an, tatsächlich heißt er David Cornwell. Das Pseudonym legte er sich zu, als er noch im Dienst Ihrer Majestät stand. Sein Spionageleben begann 1958, le Carré suchte nach einem kurzen Ausflug in die Pädagogik eine packendere Aufgabe. Als der MI5 ihm einen Job anbot, war er 27. Dumm nur, dass es keinen Krieg mehr gab, zumindest keinen sichtbaren. Seine Generation habe sich geschämt, so le Carré, weil sie während des Krieges zu jung gewesen seien, um gegen die Nazis zu kämpfen, weil sie zu den Gewinnern gehörten, ohne am Sieg mitgewirkt zu haben. »Alles, was ich als junger Mann werden wollte, war ein Held«, sagt er.

Da ist er wieder, der Krieg. Hitler, Nazis, die gewonnene Schlacht. Die englische Obsession. Betrachtet man den Krieg aus den Augen eines Briten, dann erkennt man: Er hat nicht nur Opfer hervorgebracht, sondern auch Helden und Gewinner, und aus le Carrés Sicht war es bedauerlich, in den Fünfzigerjahren aufzuwachsen. Die Ungnade der späten Geburt. Man konnte sich damals höchstens im immer bürokratischer werdenden Geheimdienst hocharbeiten und die alten Sieger bewundern, die als lebende Statuen in ihren Dienstzimmern saßen.

Le Carré springt zwischen den Jahrzehnten hin und her, es ist nicht einfach, mit seiner Erzählgeschwindigkeit Schritt zu halten. Erst sind wir im Jahr 1962, dann 1989, dann 1959. Mal berichtet er aus der Flughöhe des Essayisten, mal aus der Froschperspektive des Agenten. »Wir Briten haben«, sagt er, »absolut kein Problem mit Geheimdiensten und Spionen, bis heute nicht, sie gewinnen Kriege für uns, sie sind heldenhaft, ihr Bild in der Öffentlichkeit ist von Presse und Medien brillant manipuliert worden.« In Großbritannien gehört Spionage zum Alltag, das Misstrauen gegen den Staat ist geringer ausgeprägt, anders als in Deutschland, wo Geheimdienste zu Handlangern repressiver Regime wurden. Die Briten trauern den alten Schlachten hinterher, sie haben nicht vor, ihr Bild vom heldenhaften Spion zu revidieren.

Le Carré sagt, auf der Insel habe kaum jemand Bedenken wegen der Überwachung – »Apropos«, fragt er, »waren Sie mal in Pullach?« Nun, dort habe ihn August Hanning mal übers Gelände geführt, der frühere BND-Chef, und als sie so durch den Garten spazierten, der deutsche Geheimdienstler und der britische

Autor, fielen le Carré plötzlich die Statuen auf, nackte Mädchen, die mit Pfeil und Bogen auf Jünglinge zielten, ein Garten voller Jugendstil-Skulpturen, mitten im Herzen der deutschen Auslandsspionage. »Nette Sammlung hast du hier, August«, bemerkte le Carré, und Hanning sagte: »Ja, Martin Bormann hatte einen ausgezeichneten Geschmack.« Im Keller des Hauptgebäudes gebe es sogar einen Ersatzführerbunker. Le Carré kichert, er sah damals mit eigenen Augen, dass der Überwachungsapparat der Deutschen auf dem Erbe der Nazis aufgebaut wurde, ja, vermutlich erst dadurch groß werden konnte, dass er die Strukturen und Verbindungen aus der Nazi-Ära nutzte – und ist das nicht eine gute Metapher für die Wirklichkeit? Grollendes Lachen aus dem Armsessel.

Le Carrés Haushälterin betritt das Zimmer und stellt Tee und gefüllte Fruchttörtchen auf den Tisch. Die britischen Spione gewannen den Krieg für ihr Volk, so sehen das viele auf der Insel. Der Mathematiker Alan Turing und seine Leute bei der Kodier- und Chiffrierschule in Bletchley Park halfen, die verschlüsselten Botschaften der Nazis zu knacken, sie gehören zu jener Generation von Helden, die le Carré beneidete. Bletchley Park ist die Vorläuferorganisation des GCHQ in Cheltenham und ein Grund für die britische Verehrung des Spions. Ein zweiter Grund ist die ungeschriebene Verfassung, die es den Geheimdiensten auch im Inland einfacher macht, ihrer Arbeit nachzugehen. Erst mehr als zwei Jahre nach den ersten Snowden-Enthüllungen verabschiedete das Parlament ein Gesetz zur Regulierung von Nachrichtendiensten, das dem GCHQ nun auch offiziell erlaubte, was der Dienst ohnehin seit Jahren tat: das Internet aufzusaugen.

Le Carrés Leben ist seit Jahrzehnten ein Spiel mit Wahrnehmungen und Perspektiven, ein Spiegelkabinett. Ich frage mich, ob er seine Biografie deshalb so kritisch sieht, weil Adam Sisman zwar ausgesprochen höflich, aber doch wiederholt und mit Nachdruck auf Ungereimtheiten, Gedächtnislücken oder unzuverlässige Erinnerungen seines Protagonisten hinweist. Vor Sismans Buch wusste man nicht viel über den Schöpfer von Alec Leamas und George Smiley, außer dass er selbst einmal beim Geheimdienst war. Le Carré war in Interviews nicht immer kohärent, was seine eigene Geschichte betraf. »Die Fiktion könnte die Realität ersetzt haben«, schreibt Sisman an einer Stelle. Cornwell verbarg sich hinter le Carré wie hinter einer Milchglasscheibe. Misstrauen als Strategie, Distanz als Lebensziel. Das Schicksal des Spions.

Noch etwas machte die britischen Spione besonders, sagt le Carré. Zu seiner Zeit sei die Führungsriege von MI5 und MI6 fast ausschließlich mit Mitgliedern des Establishments besetzt gewesen – Eton-Schüler, Oxford- und Cambridge-Absolventen. Die Klassenzugehörigkeit der Überwachungselite unterschied Großbritannien von anderen Nationen. Seine damaligen Chefs besuchten dieselben Privatschulen, aßen in den denselben Restaurants, tranken Wein im Traveller's Club, rekrutierten sich gegenseitig. Ein großer Jungsverein. Es sei allerdings eine nur vermeintlich wasserdichte Rekrutierungsstrategie gewesen, so le Carré, die Briten hätten ja sehr lange gedacht, ihre Behörden seien besser geschützt vor Infiltranten und Doppelagenten als die anderer Länder, weil sich doch alle bei MI5 und MI6 von früher kannten und vertrauen konnten. Wie falsch man mit diesem Vertrauen in die Klassenzugehörigkeit lag, habe man spätestens mit der Enttarnung Kim Philbys gemerkt, 1963, eines hochrangigen britischen Geheimdienstlers, der für die Sowjets spionierte.

Als er, le Carré, Ende der Fünfzigerjahre den Dienst antrat, habe die Aufnahmeprüfung darin bestanden, abzutasten, ob er sozialkompatibel sei und sich in den Refugien der Oberschicht mit ähnlicher Selbstverständlichkeit bewegen könne wie die übrigen Jungs vom MI5. Die Atmosphäre beim Geheimdienst sei sakral gewesen, geprägt von der Anbetung der Kriegshelden. »Du fühltest dich«, sagt le Carré, »als wärst du auf dem Olymp gelandet.« Gleichzeitig merkte er, wie er in eine hochverklemmte Bürokratie von Scheinheiligen geraten war. Homosexualität war damals illegal, die Fassade der braven Bürgerlichkeit musste gewahrt bleiben. 1952 noch wurde Alan Turing wegen einer Affäre mit einem 19-Jährigen verhaftet und zwangskastriert. Jede Abweichung von der heterosexuellen Norm war gefährlich. Schon wer eine Geliebte hatte, machte sich erpressbar und stellte ein Sicherheitsrisiko dar. Das hielt le Carrés Boss, den damaligen MI5-Chef, natürlich wie viele andere beim Dienst nicht davon ab, eine Affäre mit seiner Sekretärin anzufangen. »Was die Homosexualität anging, Herrgott«, lacht le Carré, »der Geheimdienst war damals prall gefüllt mit Schwulen.«

Die Scheinheiligkeit verschwindet langsam bei den Spionen, zumindest in sexuellen Fragen. Alan Turing bekam 2013 die Ehre einer posthumen, offiziellen Entschuldigung der Queen, immerhin, und auch die Geheimdienste geben sich größte Mühe, Toleranz zu üben. Beim Abhördienst GCHQ in Cheltenham gibt es seit Mitte der Neunzigerjahre ein Pride-Netzwerk für Schwule und Lesben, und auch sonst hat sich einiges geändert. Kürzlich habe er einen Vortrag vor Nachwuchsspionen gehalten, erzählt le Carré, er stand in einem Raum voller junger Leute, einige noch nicht allzu lange im Rasieralter. Niemand trug Krawatte. Le Carré blickte in viele dunkle Gesichter, Kinder von Einwanderern, einige waren sogar schwarz, auch das unvorstellbar zu seiner Zeit. Die Klassenzugehörigkeit spielte offenbar keine Rolle mehr. Außerdem sprach fast keiner im Raum Oxford-Englisch, sie unterhielten sich in ihren regionalen Dialekten. Le Carré blickt mit einem Schuss Nostalgie auf die vergangenen Jahrzehnte, die viel übersichtlicher waren. Wo, bitte, geht es zurück zum 20. Jahrhundert?

Ein Insekt fliegt durchs Zimmer und landet auf dem Sofa. Kühler Blick aus dem Armsessel. »Wenn es eine Wespe ist«, sagt le Carré, »haben Sie meine Erlaubnis, sie zu eleminieren.« »Exterminate«, sagt er. Ihr Panzer knackt unter der Schuhsohle.

Le Carré wollte nie ein Schreibtisch-Romancier sein, dafür ist er zu rastlos, zu neugierig. Er reist manisch viel, beobachtet, macht Notizen, taucht in Archive, gleicht Wirklichkeit mit Vorstellung ab, einem Reporter nicht unähnlich. Zu seinen Freunden zählen Geheimdienstler in aller Welt. An seinem 84. Geburtstag brachte ein ehemaliger Chef der Londoner KGB-Station den Toast mit ukrainischem Wodka auf ihn aus.

Dem Ex-Agenten le Carré gelang das Kunststück, als Autor über Jahrzehnte hinweg relevant zu bleiben. Seine älteren Romane werden immer noch und immer wieder verfilmt, aber er muss sich nicht vom Ruhm der Vergangenheit ernähren. Auch seine neuen Bücher verkaufen sich gut. Sein Roman, »A Delicate Truth«, erschienen 2013, stieg in die britische Bestsellerliste auf, 50 Jahre nach dem »Spion, der aus der Kälte kam«, ebenfalls ein Bestseller. Das muss ihm erst mal jemand nachmachen.

Wie haben sich die Agenten-Figuren in seinen Romanen in den vergangenen Jahrzehnten entwickelt? »Vergeben Sie mir«, sagt le Carré, »aber ich verstehe die Frage nicht.« Es gebe keinen typischen britischen Spion, erstens; zweitens änderten sich die Ziele der Spionage alle paar Jahre und damit selbstverständlich auch das Personal, die Strategie und die Taktik. Der ideale britische Spion der Gegenwart, gäbe es ihn denn, spreche Arabisch, habe in Sondereinheiten des Militärs trainiert, sei ehemaliger Söldner. Es wird bald klar, dass le Carré nicht gern über seine Figuren redet, und wer kann ihm das übelnehmen. Ein ganzes Leben verbrachte er mit ihnen, George Smiley verfolgte ihn sieben Romane lang. Kein guter Autor außerdem, der sein Werk und seine Figuren erläutern muss.

Spionage-Literatur ist immer auch die Glorifizierung der Lüge und des Betrugs, le Carré lebt davon. Vielleicht werden deshalb alte Feinde im professionellen Täuschungswesen nicht selten auch zu Freunden. Sie bestätigen sich gegenseitig darin, dass das, was sie damals taten, richtig war und notwendig, Teil einer Übereinkunft. »Spionage war nie ein Spiel«, sagt le Carré, nachdenklich werdend. Manchmal sei es unterhaltsam, vielleicht lustig, immer aber gefährlich. Er, le Carré, sei seit Jahrzehnten schon mit dem früheren KGB-Mann Mikhail Lyubimov befreundet, kurz nachdem dieser von den Briten wegen Agententätigkeit von der Insel verbannt wurde. Lyubimov musste 1964 zurück nach Moskau, im selben Jahr, in dem le Carré den MI6 verließ und sich auf seine Autorenkarriere konzentrierte. Auch Lyubimov schrieb später Romane. Ihre Leben entwickelten sich parallel, diesseits und jenseits des Eisernen Vorhangs. Nachdem die Mauer gefallen war, setzte sich le Carré dafür ein, dass der KGB-Mann wieder nach London reisen durfte. Sie trafen sich bei Simpson's zum Lunch, um die Ecke vom Savoy Hotel. Sie lachten viel. Es war die Erleichterung, dem Kalten Krieg entwischt zu sein.

Fast alles, was le Carré über Spionage weiß, lernte er nach seiner Zeit als Agent. Trotzdem umgibt ihn die Aura des Geheimnisträgers. Bis heute redet er nicht darüber, was er als MI6-Mann in Bonn machte. Offiziell war seine Aufgabe, bei deutschen Politikern für den britischen Beitritt zur Europäischen Wirtschaftsgemeinschaft zu werben; Adam Sisman zufolge bestand le Carrés inoffizielle Tätigkeit darin, im Nachkriegs-Deutschland Nazi-Zellen ausfindig zu machen. Le Carré sagt: »Kein Kommentar.« Noch viele Jahre später, le Carré hatte längst beim MI6 gekündigt, misstrauten ihm Gesprächspartner, die er zur Recherche seiner Bücher traf, weil sie dachten, er sei immer noch aktiv. Aber er sei immer Autor gewesen nach seinem Austritt 1964. »Autor, Autor, Autor!«, ruft er durchs Wohnzimmer, »kein Spion.«

Vielleicht gab es schlicht zu viele britische Schriftsteller, die Spionage praktizierten, als dass man ihm geglaubt hätte. Graham Greene wurde 1941 vom MI6 rekrutiert, lange nachdem er berühmt geworden war. Die Geheimdienstkarrieren von Ian McEwan, Ian Fleming und anderen sind ebenfalls bekannt. Als le Carré Anfang der Achtzigerjahre in die palästinensischen Gebiete reiste, um Arafat zu treffen, verbanden ihm dessen Helfer die Augen und behandelten ihn wie einen feindlichen Agenten. Er sei sicher, so le Carré, dass Arafat davon ausging, mit einem Spion zu reden und in ihm einen Vertreter der britischen Regierung sah, einen Mittelsmann.

Haben ihn die Enthüllungen von Edward Snowden überrascht? »Nur die politische Reaktion darauf«, sagt le Carré, »nicht die Tatsache, dass Snowden möglich war.« Verrat habe es immer gegeben, die Motive dafür seien so zahlreich wie die für Liebe. Was man aber aus seinen Worten heraushört, sind Verzweiflung und Wut über die Gleichgültig seiner Landsleute, wenn es um die britischen Geheimdienste geht.

Denn Großbritannien ist längst zu einem Land der Überwachung geworden und die Briten zu einem der am besten beobachteten Völker der Welt. Zwischen vier und sechs Millionen Videokameras sind auf der Insel installiert, in U-Bahnen, Zügen, Krankenhäusern, auf Verkehrskreuzungen, vor Kindergärten, in Einkaufszentren. Ein Land der tausend Augen. Das Erstaunlichste ist, dass die meisten Menschen damit kein Problem haben. Sie vertrauen dem Staat, sie unterstellen ihm die besten Motive, und hier liegt le Carrés größte Kritik. Er will, dass die Briten misstrauischer werden. Seit Jahrzehnten liefert er Argumente dafür, offenbar vergebens. Je länger er gegen die Naivität vorging, umso wütender wurde er, ein zorniger alter Mann.

Le Carré schaut auf die Uhr. Er hat versprochen, seinen Sohn zurückzurufen. Als er die Tür hinter mir schließt, liegt das Haus so rätselhaft und still in der Dunkelheit wie vorher. Am Ende vom »Spion, der aus der Kälte kam« fragt Alec Leamas seine Freundin, was zur Hölle glaube sie, seien Geheimdienstler? Moralphilosophen, die ihre Taten mit den Worten von Gott oder Karl Marx abglichen? Leamas beantwortet die Frage selbst: »Natürlich nicht!

Ein Haufen schäbiger, armseliger Bastarde sind sie, genau wie ich: kleine Leute, Säufer, Schwule, Pantoffelhelden, Beamte, die Cowboy und Indianer spielen, um ihre miesen, grauen Leben aufzufrischen.«

Die Angst des Spions ist die Enttarnung. Aber vermutlich wäre noch schlimmer, wenn unter der Tarnung nichts versteckt läge, was es zu verbergen gilt. Wenn das Tuch weggezogen wird und da nur Leere ist, Banalität, kalte Angst, triste Wirklichkeit.

Was darunter liegt

Mit einer Schatzsucherin
in Wales

Er piept, endlich. Der kleine Lautsprecher quietscht und jault, als hätte ich ihm wehgetan, verstummt kurz, wird dann wieder lauter, und als ich das Metallsuchgerät über ein Grasbüschel vor meinem linken Schuh halte, geht er in ein konstantes, lautes Pfeifen über. Ich schaue zu Anne-Marie. Gold! Zumindest glaube ich, dass es Gold ist, was ich im Boden gefunden habe.

Seit einer Stunde laufen Anne-Marie und ich über die Wiese, unsere Metalldetektoren mit sensenhaften Bewegungen wenige Zentimeter über den Boden schwingend. Anne-Marie Rowlands ist Mitglied im Gwent Detecting Club, einem Schatzsucherverein in Wales, heute lässt sie mich mitsuchen.

Es ist nicht übertrieben zu sagen, dass unsere Beute bislang mager war. Wir haben in ein oder zwei Handbreit Tiefe einen Kronkorken entdeckt, eine Schraubenmutter, mehrere Blechteile, vermutlich Coladosen, die von einem Rasenmäher in Stücke gehackt wurden, sowie einen faustgroßen Eisenklumpen unbekannter Herkunft. Ein rotes, längeres Metallrohr, auf das ich gestoßen bin, haben wir gar nicht erst ausgegraben, sondern rasch Erde darübergeschüttet und festgetrampelt. Und natürlich finde ich in dem kleinen Loch, das ich jetzt aushebe, wieder kein

Gold, wieder kein Silber, sondern einen Kupferpenny aus dem Jahr 2007.

Die Wiese liegt neben einem Kinderspielplatz in Pontypool im Süden von Wales, gleich hinter dem örtlichen Rugby-Spielfeld. Es ist Samstagmorgen. Halb Pontypool ist auf den Beinen, weil es zur Abwechslung mal nicht regnet. Während wir suchen, joggen mehrere in Lycra eingewurstete Männer an uns vorbei, eine halbe Grundschule zieht vorüber, Mütter mit Kinderwagen, Rentner mit Wochenendzeitungen. Wir hoffen, Gold- und Silbermünzen zu finden, ich würde aber auch goldene Ketten nehmen, Ringe, Glöckchen, Schnallen und andere Artefakte aus vergangenen Jahrhunderten. Aber je länger wir suchen, desto lauter wird die Stimme in meinem Kopf, die ruft, dass es gar nicht so unvorhersehbar ist, hinter der Stehtribüne eines Rugby-Spielfelds vor allem Hinterlassenschaften des späten 20. und frühen 21. Jahrhunderts zu finden. Ich versuche mich damit zu beruhigen, dass ich Anfänger bin. Außerdem graben die Mitglieder des Gwent Detecting Club hier angeblich laufend Münzen aus, die wertvoll sind.

Das Aufspüren von vergrabenem Gold und Silber ist eines von vielen, in anderen Ländern eher seltenen Hobbys, denen sich die Briten mit großer Hingabe widmen, wie Tontaubenschießen, Rugby oder Bingo. Das liegt erstens daran, dass sich im Boden des Königreichs über die vergangenen Jahrhunderte etliches Wertvolle angesammelt hat – von den Kelten über die Römer bis hin zu Königen und Kaufleuten verlor dauernd jemand teure Dinge, musste sie loswerden oder verstecken. Zweitens sind die Gesetze sehr schatzsucherfreundlich. Wer etwas aus dem Boden zieht, darf es im Großen und Ganzen behalten, wenn er es mit dem Besitzer des Grundstücks teilt, auf dem es gefunden wurde. Sollte es sich um einen historisch wertvollen Schatz handeln, entscheidet der örtliche Coroner über die Vorgehensweise, ein Verwaltungsbeamter. Es kann sein, dass man den Fund einem Museum zum Kauf anbie-

ten muss. Da es aber auf der Insel bis zu 20 000 Schatzsucher gibt, die jedes Wochenende mit empfindlichen Metallsuchgeräten über Felder und Wiesen laufen, wären die Museen in kurzer Zeit pleite, wenn sie alles aufkaufen würden, was als Schatz klassifiziert wird. Gut für Leute wie Anne-Marie, noch besser für ebay.

Anne-Marie lieh sich vor sieben Jahren zum ersten Mal einen Metalldetektor, von einem Bekannten. Anfangs lag ihr Einsatzgebiet in und um ihren Heimatort Brecon herum, im südwalisischen Nationalpark der Brecon Beacons. Mit der Zeit erweiterte sie ihren Suchradius und nahm ihr Gerät nach Wiltshire mit, nach Devon, Gloucestershire, Oxfordshire.

Wenn es nicht regnet, trägt sie wie heute einen lilafarbenen Fleecepullover, leichte Wanderschuhe und eine strapazierfähige Baumwollhose. Die grauen, über ihre Schultern fließenden Haare geben ihr die Anmutung einer Geisterlady, die mit ihrem Minelab X-Terra 705 die Wiese beschwört. Sie ist schüchtern. Um ihre Hüfte hat sie einen Kunststoffgurt geschnallt, an dem eine Tasche für

Fundstücke befestigt ist sowie ein seltsamer schwarzer Plastikstock. Anne-Marie nennt ihn »meinen Zauberstab«. Er funktioniert wie die Metalldetektoren, mit denen man an Flughäfen abgetastet wird, und hilft beim präziseren Aufspüren eines Gegenstands, sobald sie ein Loch ausgehoben hat.

Es geht nicht anders, man muss Anne-Marie und ihre Freunde vom Gwent Detecting Club für ihre Geduld bewundern, mit der sie den Untergrund durchsuchen, die Erdschicht knapp unter der Grasnarbe. Unsere Suche begann morgens in der Mulde einer Wiese. Nach und nach arbeiteten wir uns in nördlicher Richtung einen Hang hinauf, Anne-Marie zügiger, ich zurückfallend. Sie hatte mir netterweise ihren X-Terra geliehen, während sie mit einem wesentlich unempfindlicheren Gerät arbeitete, das sie vor Jahren billig erstanden, aber dann nur noch selten benutzt hatte. Die Schwingbewegungen, mit denen ich den runden Suchkopf über den Boden führe, wirken beruhigend, wie eine Meditation. Bald vergesse ich die Jogger und die Kälte und denke auch nicht mehr darüber nach, ob es albern oder infantil ist, in einem öffentlichen Park nach vergrabenen Schätzen zu suchen. Stattdessen konzentriere ich mich auf die Geräusche und die Digitalanzeige des X-Terra.

Schwenken nach rechts, Stille, schwenken nach links, Stille. Einen Schritt vorwärts. Schwenken nach rechts, Stille, Schwenken nach links, Piepen. Blick auf die Anzeige. Anne-Marie sagt, wenn die Zahlen, die über den kleinen Schirm flimmern, größer als 12 werden, solle ich graben. Leider schwanken meine Zahlen so stark, dass sich daraus nur schwer etwas ablesen lässt, und zwar über ein und derselben Stelle. 20, 8, 41, 16, 12, wie die Samstagsziehung im Lotto. Man muss viele Monate und etliche Kronkorken Geduld haben, bis das Piepen und die Ziffern einen Sinn ergeben. Die Kunst des Schatzsuchers besteht darin, die Signale richtig zu lesen. Dann kann man irgendwann, ohne zu graben, ein wertloses Stück Blech von einer Silberbrosche unterscheiden.

Mein Arm schwenkt inzwischen von selbst. Erstaunlich, wie schnell der X-Terra 705 zur natürlichen Erweiterung des Körpers wird. Schatzsuchen ist kontrollierter Realitätsverlust, eine Droge ohne Kater. Höchstens Muskelkater in der Schulter. Die Umgebung verschwindet, irgendwann sieht man nur noch grün. Ich versuche mir vorzustellen, was vor vier oder fünf Jahrhunderten auf dieser Wiese los war. In meiner Vorstellung kämpfen stark bewaffnete, mit Helmen und Eisenplatten geschützte Männer auf Pferden gegeneinander, wie bei »Die Ritter der Kokosnuss« von Monty Python. Ich stelle mir außerdem vor, wie an den Satteltaschen der Pferde kleine Säcke voller Goldmünzen hängen, alle gefährlich locker befestigt, vermutlich nur mit einem dünnen Lederband, das bei einer falschen Bewegung sofort reißt. Feuchte Träume, feuchte Wiesen. Das Leben des Schatzsuchers.

Der X-Terra piept. Ich grabe. Es ist eine Fanta-Dose.

Schatzsuchen wäre kein britisches Hobby, wenn sich nicht diejenigen, die es betreiben, in Clubs und Vereinen zusammenschlössen, Wettbewerbe veranstalteten, Ausflüge unternähmen und sich am Ende bei einem Glas zimmerwarmem Ale über ihr jüngstes Abenteuer austauschten. Vor einiger Zeit produzierte die BBC die Comedy-Serie »Detectorists«, eine eher melancholische Sitcom, in der die Figuren viel suchen, aber kaum etwas finden. Anne-Marie sagt, die Serie sei sehr realitätsnah.

Zusammen mit ihr schwenken an diesem Mittag ungefähr 30 weitere Mitglieder des Gwent Detecting Club ihre Suchgeräte über den Stadtpark von Pontypool. Sie haben sich Spitznamen gegeben, der ältere Mann mit der neongelben Warnweste heißt Dragon's Breath, Jerry ist Jelida, und Janet, die ihren Sohn mitgebracht hat, heißt Mudlark, Schmutzfink. Anne-Marie hat sich aus irgendeinem Grund Muddy Minx genannt, was übersetzt in etwa Schlammluder oder Matschgöre bedeutet. Es gibt im Club Dirty Harry, Dirt Digger, Scrapman, Silver Joe, Flipper und Metal Mike. Viele kennen

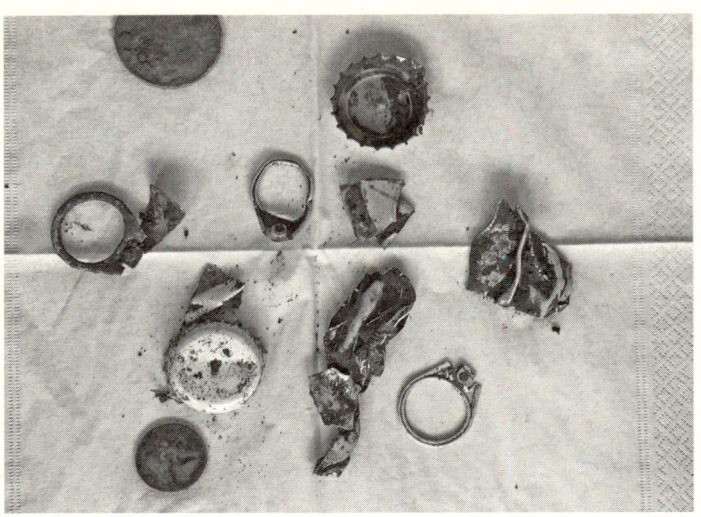

sich nur unter Pseudonym. Das Vereinstreffen findet jeden ersten Dienstag im Monat in einem Militärclub in Cwmbran statt, in Wales. Unter den 150 Mitgliedern sind Ärzte, Ingenieure, Rentner, Hausfrauen, die meisten stießen zufällig zum Schatzsuchen. Anne-Marie sah vor sieben Jahren beim Spazierengehen an einer Flussbiegung einen Mann mit einem Metallsuchgerät und dachte: Das kann ich auch.

Sie hat Metallschnallen aus dem 18. Jahrhundert aufgespürt, bleierne Spindelgewichte, Kuh- und Schafglöckchen aus dem Mittelalter, einen Penny aus der Zeit von König George III., etliche weitere Geldstücke und einen ganzen Haufen wertloses Metall. Ihre kostbarsten Funde sind zwei Münzen aus Gold: eine stammt aus der Zeit von George IV. aus dem Jahr 1821, die andere aus der Regentschaft Edwards III. von 1367. Das George-Geldstück fand sie wenige Wochen nachdem sie mit der Schatzsuche angefangen hatte, neben einem Trampelpfad in der Nähe ihres Hauses. Anfängerglück. Sie ist jetzt fast jedes Wochenende unterwegs, ihr Mann,

ein Anwalt im Ruhestand, hält sie schon für leicht besessen. Im guten Sinn natürlich.

Schatzsuchen ist ein Versteckspiel mit der Geschichte, auch deshalb lieben es die Briten. Nur eine dünne Schicht trennt das Jetzt vom Gestern, die Welt der Lebenden vom Reich der Toten. Vor einiger Zeit fanden Archäologen unter einem Parkplatz in Leicester die Überreste König Richards III. und lösten damit eine wochenlange Euphorie aus — schwer vorstellbar, dass in einem anderen Land der Fund eines 500 Jahre alten Skeletts ähnlich viel Aufregung verursachen würde. Die Briten leben in dem Gefühl, dass die Geschichte nicht vergangen ist, sie ist unter ihnen und kann jederzeit wieder auftauchen. Die Vergangenheit ist greifbar und erfahrbar, bei Jane-Austen-Kostümbällen, Shakespeare-Dramen, »Downton Abbey«-Partys. Das macht die Schatzsucher, die ein Tourist aus dem Ausland für Freaks halten könnte, zu ähnlich urbritischen Figuren wie den Cricketspieler, den Londoner Taxifahrer oder die Queen.

Die dünne Schicht unterhalb der Oberfläche zu durchleuchten und zu durchstoßen erfüllt die Sehnsucht einer nostalgischen Gesellschaft. Anne-Marie kann sich ein Leben ohne den X-Terra nicht mehr vorstellen. Sie fühlt sich frei, wenn sie am Wochenende über Wiesen geht, und konzentriert sich auf nichts anderes als das, was unter ihren Füßen verborgen liegen könnte.

Bevor sie ihr Gerät einschaltet, mustert sie die Umgebung, schaut sich Hügel und Mulden an, Pfade, Mauern, Hecken, Steinhaufen, und überlegt, wo sie anfangen soll. Wo könnte vor 300 Jahren ein Dorf gestanden haben, wo rasteten vor 500 Jahren womöglich matte Reisende? Es gibt immer Neues zu entdecken, selbst wenn die Gegend schon abgesucht wurde. Der Boden hebt und senkt sich laufend, er verändert sich durch tektonische Verschiebungen, durch Würmer, Maulwürfe, Mäuse, professionelle Wühler auch sie. Wo heute Stille herrschte, kann es morgen piepen. Man könnte ein Leben lang auf einer Wiese graben und doch nicht alles finden.

Der Siegeszug der Metallsucher ist der Triumph des Amateurs über den Profi. Archäologen würden sagen: der Triumph gieriger Idioten über die Wissenschaft. »Archäologen mögen uns nicht besonders«, sagt Anne-Marie. Sie versteht die Skepsis nicht, schließlich profitieren die Profis doch von Freizeitgrabern wie ihr. Nur zwei Beispiele aus jüngerer Zeit: Im März fand ein Krankenpfleger nahe Morecambe Bay im Osten Englands mit seinem Metallsuchgerät einen Kupfermeißel aus der Bronze-Zeit und entdeckte nebenbei eine Grabstätte, die um 2500 vor Christus angelegt worden war. Wenige Monate zuvor stieß ein Metallsucher auf einem Acker in Oxfordshire auf einen Silberschatz zirka aus dem Jahr 870, versteckt vermutlich von Wikingern. Archäologen wären kaum auf die Idee gekommen, an diesen Stellen zu suchen.

Anne-Marie sagt, es gehe um Geschichte, um Kultur, um die kleinen und großen Ereignisse auf britischem Boden. Sie sitzt im

Café hinter der Wiese und fischt einen Teebeutel aus ihrem Becher. Schatzsuchen ist nicht nur Angeln nach Gold, sondern ein Stochern im Unbewussten, ein Graben nach etwas, das unter der Oberfläche liegt. Schön, wenn man etwas Wertvolles findet, aber nicht existenziell wichtig. Vorhin sagte ihr Bekannter Roland, ein Ingenieur und ebenfalls Mitglied im Gwent Detecting Club, ihn treibe auf die Wiesen immer wieder die Hoffnung, etwas Überraschendes aus dem Boden zu ziehen. Nein, er unterbrach sich, nicht die Hoffnung sei es, sondern die Illusion von Hoffnung. »The illusion of hope.« Guter Songtitel eigentlich. Besser kann man Schatzsuchen nicht beschreiben, kitschig wie das Hobby selbst.

Unsere Beute nach einem halben Tag auf der Wiese von Pontypool: zwei Kronkorken, ein faustgroßer Eisenklumpen, drei Dosenverschlüsse, ein Kupferpenny, die zusammengeknüllte Fanta-Büchse sowie vier weitere undefinierbare Blechteile. Keine Ahnung, was das über Wales oder Großbritannien erzählt, außer vielleicht, dass die walisischen Rugbyfans eine fragwürdige Haltung zum Umweltschutz haben. Anne-Marie sagt nichts. Sie lächelt. Ich glaube, sie ist stolz auf mich.

Busy Boys

Die Redakteure der Schülerzeitung
von Eton

Eine Woche vor dem EU-Referendum liegt eine seltsame Spannung über England. Im Fernsehen und auf Marktplätzen brüllen sich Menschen gegenseitig an, Freundschaften zerbrechen, die Zeitungen spucken noch mehr Gift als sonst, auch wenn man dachte, das ginge nicht. Wer genau hinsieht, erkennt feine Risse in der Gesellschaft. Hätten britische Gänse denselben Spürsinn für soziale Verwerfungen wie für Erdbeben, würden sie die Insel jetzt verlassen.

London ist unerträglich geworden in diesem Frühsommer 2016. Die endlos taumelnde Debatte über die Vor- und Nachteile der Europäischen Union macht seekrank. Ich sitze deshalb an einem Dienstagmorgen im Zug nach Eton, um einen Tag Pause von dem Schwindel zu nehmen. Das Eton College ist der Ort in England, an dem vieles seinen Anfang nimmt. Der Kinderspielplatz der Oberschicht, wenn man so will. Halb England wird von Old Etonians geführt – Anwaltskanzleien, Unternehmen, Banken, die Regierung –, und wenn man sich die Frage stellt, weshalb die Elite der Insel auf einige vergleichsweise entspannte Jahrhunderte zurückblicken darf, kommt man am Internat von Eton nicht vorbei.

König Heinrich VI. gründete die Schule im Jahr 1440, um ausgewählten Jungen aus armen Familien eine kostenlose Bildung zu ermöglichen. In den folgenden Jahrhunderten wuchs das College zur Bildungsanstalt der konservativen Mittel- und Oberklasse heran, zu einem Durchlauferhitzer für künftige Minister, Staatsanwälte, Banker, Unternehmer, Generäle, Agenten, Chefredakteure. Der Herzog von Wellington soll bei einem Besuch in seiner alten Schule bemerkt haben: »Hier gedeiht das Material, das Waterloo gewonnen hat.«

Eton ist die Schule für die soziale Fettschicht. Hier werden junge Hirne gedehnt und massiert, Freundschaften geschlossen, Karrieren vorbereitet. Wer nach Gemeinsamkeiten der Protagonisten in der Europadebatte sucht, wird hier fündig. Die Anführer der beiden gegnerischen Lager gingen hier zur Schule, David Cameron und Boris Johnson. Die Brexit-Debatte wird also geprägt von ehrgeizigen Jungs, die in unzähligen Testschlachten in der Schule und der Universität gelernt haben, wie man Verbündete sammelt, Allianzen schmiedet, Wahlkämpfe führt und das Volk auf seine Seite zieht; von Jungs, die das Leben früh nach oben spülte. Insofern ist der Streit um das Verhältnis zur EU auch ein schulinterner Streit. Die Old Etonians haben das Land mit einer Debatte wie aus dem Rhetorikunterricht überzogen, als wäre Europa nur ein Spiel, das man wie Polo und Rugby gewinnen muss, um die schönsten Mädchen abzubekommen oder die besten Zensuren zu erreichen. Daher stammt vermutlich auch das Pubertäre an der Debatte, die von den Brexit-Kämpfern so überzogen und verbissen, aber zugleich doch nur halbernst geführt wird, mit Augenzwinkern in alle Richtungen.

Eton liegt im Schatten von Schloss Windsor an der Themse, eine halbe Stunde mit dem Zug westlich von London. 1200 Jungen sind verteilt auf 25 Internatsgebäude. Ich bin mit den Redakteuren des »Eton Chronicle« verabredet, der Schülerzeitung, um zu verstehen, wie der Nachwuchs dieser legendären Institution tickt, in der schon die falsche Farbwahl bei den Socken Kontrover-

sen auslöst. Wie kann es sein, dass eine Schule das Land regiert?
Tragen die Jungs in ihrer Freizeit Tweed-Jacketts?

Zu den Redakteuren des »Chronicle« zählten unter anderem
die Schriftsteller George Orwell und Ian Fleming. Die Zeitung wird
von zwei Lehrern betreut, Gavin Rice und Tom Hawkins, die mich
zum Lunch in die Lehrer-Kantine einladen, einem unscheinbaren
Flachbau in der Nachbarschaft des mittelalterlichen Hauptgebäudes. Beim Essen erzählen Rice und Hawkins, sie hätten einen ziemlich einfachen Job. Die Zeitung fülle sich praktisch von selbst. Die
Schüler übernehmen alle Aufgaben vom Schreiben bis zum Ver-
trieb, akquirieren Anzeigen und holen Angebote von Druckereien
ein. Gavin Rice trifft sich einmal die Woche mit den vier Redakteuren des »Chronicle«, um zu schauen, ob alles gut läuft, was es
meistens tut.

Aber nicht alles, was ein Schüler in Eton denkt und schreibt,
eignet sich zur Veröffentlichung. Dazu zählen persönliche Angriffe
untereinander, Angriffe auf Lehrer und Artikel, die die Schule

allgemein in ein schlechtes Licht rücken. Das ist schon deshalb riskant, weil die Londoner Presse mitliest. Etliche Old Etonians, die den »Chronicle« beziehen, sitzen in Medienhäusern. Es kommt daher vor, dass eine kleine Aufregung in Eton ihren Weg in eine größere Zeitung findet, zumal etliche Schüler aus bekannten englischen Familien stammen. Rice nennt das, was er macht, um ein solches Durchsickern von Internatsinterna zu verhindern, natürlich nicht Zensur, sondern »den Inhalt beobachten«.

Er sagt, seine Redakteure seien meist die ehrgeizigsten Schüler. »Das sind Jungen, die sehr beschäftigt sind«, sagt Gavin Rice. »Busy Boys« heißen sie in Eton. Ehrgeizige Aufstreber mit Mitgliedschaften in mehreren Schulvereinen, oft aus gut vernetzten Familien. Streber existieren hier nicht als Hassfiguren, sondern als Vorbilder. Leistung wird von Mitschülern wie von Lehrern honoriert, niemand muss sich für Erfolg schämen.

Nach dem Lunch führen mich Rice und Hawkins zu einem Konferenzraum in einem Nebengebäude, wo acht Jugendliche warten. Vier von ihnen bilden die derzeitige Redaktion des »Chronicle«, die anderen vier werden die Zeitung in wenigen Wochen übernehmen. Drei Jungs tragen Jeans und Pullover (kein Tweed), fünf sind tatsächlich im schwarzen Frack erschienen, Hemd und weißer Fliege, der offiziellen Uniform von Eton. Sie stehen da wie Kellner. Viele Zahnspangen, kaum Pickel. Busy Boys. Unser erstes Konversationsthema ist das Referendum, was sonst.

Die Jungs erzählen, dass bei einer schulinternen Abstimmung ein klares Bekenntnis zu Europa herauskam. 64 Prozent der Schüler waren für den Verbleib in der EU, 36 Prozent dagegen. Das ist zwar eine deutliche Mehrheit, liegt aber trotzdem, wenn man sich Umfragen anschaut, unter dem Durchschnitt junger Wähler außerhalb von Eton. Tom Hawkins sagt, viele seiner Schüler seien konservativer als das Lehrpersonal. Womöglich sind sie so wie ihre Eltern, die 35 000 Pfund im Jahr dafür bezahlen, dass sich ihre

Kinder früh an den Leistungsgedanken gewöhnen. Revolutionäre wachsen hier nicht heran.

Die Atmosphäre im Konferenzraum ist jovial bis neugierig. Die Jungs sprechen über das politische Geschehen mit einer Unbefangenheit, die viele Erwachsene bis an ihr Lebensende nicht erreichen. Der eine redet mehr, der andere weniger, aber in einem sind sich die Acht ähnlich: Sie strahlen die Ruhe und Selbstverständlichkeit von jungen Männern aus, die zur richtigen Zeit am richtigen Ort sind. Als wüssten sie etwas, was andere in ihrem Alter nicht wissen, als hätten sie das Leben, wie es sich vor ihnen ausbreitet, bereits gelebt; und dieses hier ist nur eine lässige Wiederholung.

Eton verkörpert Beständigkeit. Die britische Elite unterscheidet sich von den Führungsschichten anderer Länder dadurch, dass sie im Großen und Ganzen in Ruhe gelassen wird. Anders als in Deutschland oder Frankreich gab es auf der Insel seit Jahrhunderten keinen gewaltsamen Umsturz, der die herrschende Klasse aus ihren Herrenhäusern vertrieben hätte. Die britische Elite rekrutiert sich bis heute aus nur wenigen Institutionen, neben Eton und anderen Luxusinternaten sind das vor allem die Universitäten von Oxford und Cambridge. Obwohl nur sieben Prozent der britischen Schüler auf eine Privatschule gehen, hat fast ein Drittel der Abgeordneten im Parlament private Bildungseinrichtungen besucht. Über die Hälfte der führenden Journalisten des Landes war auf einer Privatschule, beim Militär sind es knapp drei Viertel des Führungspersonals, im Justizwesen ebenfalls. Und Eton ist die Leuchtboje unter den Privatschulen.

Der »Chronicle« erscheint seit 1863. Anfangs listete er Sportergebnisse auf – die Sieger und Verlierer von Cricket- oder Polospielen an der Schule –, inzwischen erscheint die Zeitung alle paar Wochen und widmet sich Theaterstücken, Filmen, Politik und gesellschaftlichen Themen. Die vier Redakteure, die das Blatt betreuen, sind gleichberechtigt und geben einen Teil der Artikel bei Mitschülern in Auftrag. Sie schreiben, redigieren, gestalten und entscheiden, was in die Zeitung kommt und wie sie aussieht. Einen Chefredakteur gibt es nicht, was aus Sicht der Schule praktisch ist, da keiner die anderen überstimmen kann. Im Zweifel entscheiden die Zensoren.

Die Redaktion wechselt jedes Jahr. Das führt dazu, dass sich der »Chronicle« in Gestaltung, Inhalt und Ton gewissen Moden anpasst, notgedrungen, weil die frischen Redakteure natürlich jedes Jahr aufs Neue weitaus besser als die alten wissen, was eine gute Zeitung auszeichnet und wie sie produziert werden muss.

»Ich will, dass der Chronicle mehr wie ein Magazin aussieht«, sagt Nicholas. Er ist einer der vier Neuen.

»Wieso?«, fragt Hughie. »Machen wir kein Magazin?« Er gehört zur alten Redaktion.

»Das Heft bleibt nicht aufgeschlagen liegen, wenn man es öffnet, vermutlich wegen der Klebebindung. Der Chronicle wirkt auf mich wie ein Amts-Anzeiger, nicht wie ein richtiges Magazin«, sagt Nicholas.

»Vielleicht hast du recht, aber wir wollen unseren Käufern das Gefühl vermitteln, dass sie für ihr Geld einen Gegenwert bekommen.«

Eton ist eine Rhetorikschmiede. Es geht hier jeden Tag darum, Menschen von sich, seinen Ideen und seinen Vorhaben zu überzeugen. Einer der neuen Redakteure, Ivo, schrieb in einem Beitrag für den »Spectator«, das sei die wichtigste Lektion in Eton: die Fähigkeit, Leute zu umgarnen und für seine Zwecke einzuspannen. »Um hier Erfolg zu haben, musst du eine gewisse Portion Überzeugungskunst mitbringen – ob das in Diskussionen mit dem Schulleiter ist, der dich für irgendetwas bestrafen will, in Gesprächen mit deinem Lehrer, der dir eine lange Hausaufgabe gegeben hat, oder mit Leuten, die du dazu bringen willst, zu deinem Theaterstück zu kommen.« Schüler lernen früh, auf ihre Zuhörer einzugehen und

Argumente möglichst eloquent vorzutragen. Man könnte es Manipulation nennen, so wie sich das im Vorfeld des EU-Referendums im Brexit-Lager beobachten lässt. In Eton heißt es Charme.

»Ich will außerdem die Rezensionen von Theaterstücken spannender machen«, sagt Nicholas. »Bislang sind die meisten Texte einfach zu euphorisch geschrieben. Wozu drucken wir überhaupt Rezensionen, wenn sie nur positiv sind?«

Gavin Rice räuspert sich. »Streng genommen sind das Zusammenfassungen von Stücken, keine Rezensionen.«

»Außerdem treten hier keine Profi-Schauspieler auf, sondern Amateure. Die kann man nicht verreißen«, ergänzt Hughie.

William sagt, seiner Erfahrung nach sei Meinung im Heft heikel. »Wenn wir schreiben, das Stück war schlecht, dann steht der Regisseur am nächsten Tag in meinem Zimmer und beschwert sich.«

»Mh, ok«, sagt Nicholas.

Das ist die Evolution von Eton. Man startet mit ein paar vernünftigen Gedanken und endet als Rädchen im Getriebe. Gute Vorbereitung für das Leben in Banken, Ministerien, Konzernzentralen und natürlich Zeitungsredaktionen.

Die Chefredakteure sind ein Teil der Schulelite. Sie gehören zum Establishment des Establishments, so wie die Trainer der Cricket- und der Fußballmannschaft, die Captains der 25 Internatshäuser auf dem Campus von Eton und die Sekretäre des Astronomie- oder des Käseclubs, deren Namen in den »Fixtures« stehen, dem Verzeichnis der »Busy Boys«. »Wenn man zynisch sein wollte, könnte man behaupten, ein Eintrag in den Fixtures macht sich wunderbar im Lebenslauf«, sagt Hughie. Gut, dass hier niemand zynisch ist.

Die Macher des »Chronicle« sind mit ihrem Umfeld enger verwoben als Lokalreporter, was es nicht einfacher macht, gegen den Mainstream zu schreiben oder unfreundlich mit den Subjekten ihrer Berichterstattung umzugehen. Konflikte werden, wenn überhaupt, unter den Redakteuren ausgetragen. Wenn einer der Autoren übers Ziel hinausschießt, sind die vier Redakteure die ersten, die kritische Passagen kürzen. Die Selbstzensur funktioniert hervorragend. Die Lehrer müssen fast nie eingreifen.

Zu den heikelsten Formen des »Chronicle« zählt die Kolumne »The Jackal«, die ein beliebiges Thema möglichst eloquent aufspießen soll. »Wir müssen die Texte meistens zur Hälfte umschreiben«, sagt William. In einer Kolumne über das Christentum strich Gavin Rice einen Satz, der nahelegte, alle Pfarrer seien pädophil.

Nachmittags gehe ich mit Gavin Rice einen Cappuccino trinken. Er trägt einen Regenschirm in der Armbeuge und erzählt, dass er Journalist geworden wäre, wenn er mehr Mut zum Risiko gehabt hätte. Sein Job als Lehrer mache ihm Spaß, er sei von hochintelligenten und extrem ambitionierten jungen Leuten umgeben. Rice unterrichtet Theologie und sagt, seine Schüler diskutierten mit ihm fast auf philosophischem Niveau. »Hin und wieder muss man sich ins Gedächtnis rufen, dass sie erst 16 sind«, sagt er. Aber wer weiß, vielleicht sind die Jungs wirklich viel älter, die in Eton schon ihr zweites Leben leben.

Die Hexen von Southampton

Mit echten Magierinnen beim
Vollmondritual

Einmal im Monat bei Vollmond treffen sich die Hexen von Southampton unter den ausladenden Zweigen von vier Pinien im New Forest, einer verwunschenen Gegend im Süden von Hampshire. Offenes Heideland wechselt sich ab mit undurchdringlichen Wäldern, in denen jahrhundertealte Eichen und Buchen wurzeln. Nattern und Fledermäuse leben hier, Pferde grasen frei am Wegrand. Die Landschaft wirkt wild und unheimlich. Es dämmert bereits, als ich mit meinem schwarzen Golf auf den Parkplatz unterhalb der Pinien rolle, neben einer Campinganlage, die in gespenstischer Stille liegt. Dunstschwaden ziehen über die Wiesen. Der Regen hat zum Glück nachgelassen, die Luft schmeckt nach nassem Gras und Tannennadeln. Außer Vogelrufen hört man nichts.

Rebecca kommt nicht auf einem Besen, sondern mit einem silbernen Ford Mondeo. Sie ist eine der Hexen von Southampton und wird das Ritual an diesem Abend leiten. Neben ihr auf dem Parkplatz steht James, der sich als Tarotkartenleger und Astrologie-Experte vorstellt und mich sofort neugierig fragt, wie ich zur Magie gekommen bin. Während Rebecca in einen weiten, grün schimmernden Kapuzenumhang schlüpft, versuche ich James zu erklären, dass ich kein professioneller Magier bin, sondern, naja, ein interessierter Beobachter. Dabei versuche ich, so offen wie möglich zu klingen, aber James wirkt nicht überzeugt. Sein Blick sagt: Das kannst du deiner Oma erzählen. Er schaut mich skeptisch durch seine beschlagene Brille an, als wir den Klapptisch und eine Plastiktüte voll rituellen Zubehörs einen kleinen Hang hinauf zu den Pinien tragen.

Schwer zu sagen, wie viele Hexen auf der Insel leben. Es könnten Tausende sein oder sogar Zehntausende. Beim Zensus von 2011 gaben knapp 100 000 Briten unter Religionszugehörigkeit »heidnisch« oder »spiritualistisch« an, ein Indikator dafür, wie groß der Zuspruch für alternative oder esoterisch angehauchte Heilslehren ist. 1300 Menschen sagten explizit, ihre Religion sei die Hexerei. Man muss das in einem größeren Zusammenhang sehen: Die Church of England, die die Insel seit Heinrich dem Achten im Griff hatte, verliert seit Jahrzehnten an Mitgliedern und an Einfluss. Viele Abtrünnige wechselten hinüber in die Kirche der Gleichgültigkeit, ihre Kathedralen heißen Apple Store, TopShop und Pub. Einen kleinen Teil zieht es zu den Heiden, Druiden, Schamanen, Mystizisten, Ökospiritualisten und zum Hexentum.

Der New Forest in Hampshire ist der Ursprungsort des britischen Neo-Paganismus. In den 1930er Jahren wurde hier der Autor und Okkultist Gerald Gardner in einen Geheimbund eingeführt, von dem er glaubte, dass es sich um einen der wenigen verbliebenen Hexenzirkel handle, den »New Forest Coven«, der angeblich noch aus vorchristlicher Zeit stammte und mindestens zwei Jahrtausende überlebt haben soll.

Gardner ließ sich durch seine Erlebnisse in dem Wald zu dem 1954 erschienenen Buch »Witchcraft Today« – Hexerei heute – inspirieren, das zur Grundlage des Neuheidentums wurde und auf der Insel einen Hexen-Boom entfachte. Obwohl bis heute niemand beweisen kann, dass Gardners Zirkel wirklich existierte oder ob er sich das in einer heiteren Minute vor einem brodelnden Kessel nur ausgedacht hat, hält der Boom bis heute an. Meine Gruppe unter den Pinien neben dem Campingplatz ist nur eine von vielen, die in der Gegend praktizieren.

Hexen sind sehr britische Erscheinungen, gerade wenn man sie vor dem Auf und Ab der christlichen Kirche auf der Insel betrachtet. Sie trieben Macbeth in den Wahnsinn, geisterten durch die Zeit der Elisabethaner und fanden später, in den Schauerromanen der Romantik, ihre Verwandten in Vampiren und menschengemachten Monstern wie Frankenstein. Jeder Aristokrat, der etwas auf sich hielt, baute sich damals einen verfallenen Turm in den Garten und las Mary Shelley oder die todessehnsüchtigen Gedichte von Lord Byron. Das Okkulte, die dunkle Magie und der Geisterglaube waren das Gegenrezept zur Rationalität des Manchester-Kapitalismus, zum stampfenden Fortschrittsglauben des Maschinenzeitalters. Je sanfter der Kapitalismus wurde, je mehr er in unseren digitalisierten Spätkapitalismus überging, desto braver wurden auch die Hexen. So wie an diesem Abend.

Der Parkplatz füllt sich. Jonathan ist gekommen, der als heidnischer Priester tätig ist, einen schwarzen Umhang überwirft und einen Dolch in den Gürtel steckt; Wayne, der in seiner Freizeit Vorträge über Schamanismus hält und eine Anden-Strickmütze mit Bommeln trägt; die rothaarige Caroline, deren Füße in silbernen Gummistiefeln stecken und die eine lilafarbene »My little Pony«-Truckermütze auf dem Kopf sitzen hat; dazu Rosie, Cathy, Beccy mit ihrer zirka zehn Jahre alten Tochter, sowie eine Frau vom Campingplatz nebenan. Die meisten kennen sich von früheren Ritualen und begrüßen sich mit Wangenküssen und Umarmungen.

Sie müssen sich nicht verstecken, die Hexen von Southampton, obwohl hin und wieder die Polizei vorbeischaut und nachsieht, was die mit Umhängen bekleideten und mit Dolchen herumfummelnden Männer und Frauen unter den Bäumen treiben. Kein Vergleich aber zu früher. Bis 1951 galt in Großbritannien noch das

Hexereigesetz, das schon die Behauptung von magischen Fähigkeiten unter Strafe stellte. Die letzte »Hexe« wurde 1944 zu einer mehrmonatigen Haftstrafe verurteilt. (Die letzte Hexenverbrennung auf der Insel fand im Jahr 1727 statt, es traf eine unglückliche Schottin namens Janet Horne.) Heute zelebrieren die meisten Zirkel ihre Rituale offen für jeden, was natürlich nicht bedeutet, dass es keine geheimbündlerischen Umtriebe mehr gibt. Mehr dazu später.

Rebecca breitet eine rote, mit Pentagrammen bedruckte Decke über den Klapptisch und zieht eine Flasche Rosé der Marke »Grove Manor« aus der Plastiktüte, dazu Brennspiritus, Räucherstäbchen, einen gusseisernen Kessel von der Größe einer Melone, eine Tarotkarte mit einem Schaf auf einer Lichtung und eine schwarzrote Keramiktasse mit Gruselmotiven, die, wie auf der Unterseite zu lesen ist, aus dem Disney-Shop stammt. Die Tasse passt gut zu Carolines Pony-Mütze. Perfekte Mischung aus kitschig, guter Laune und ein bisschen infantil. Das wichtigste Utensil ist eine 200er-Packung Teelichter.

Die Hexen von Southampton sind eine bunte, gutgelaunte Truppe, die sich selbst nicht allzu ernst nehmen. Sie wirken unter den Pinien wie die Teilnehmer eines Kostümballs, die sich im Wald verlaufen haben. Ihr Kichern und Giggeln hallt über die nassen Wiesen und verfängt sich in tropfenbehangenen Zweigen und Ästen, und ich frage mich, ob sie jemals dazu fähig wären, einem Menschen mit ihren Kräften Schaden zuzufügen oder überhaupt eine Form von Magie zu betreiben. Die meisten widmen sich ihrem Hobby abends und am Wochenende. James, der mich immer noch skeptisch beäugt, arbeitet als Pfleger in der Psychiatrie, ist aber im Moment krankgeschrieben. Jonathan, der Mann mit dem schwarzen Kapuzenmantel, hat eine Stelle als Lehrer, Rebecca betreibt einen Online-Shop für heidnisches Zubehör. (Ein gusseiserner Hexenkessel, wie er auf dem Tisch steht, kostet bei ihr 14,99 Pfund plus Mehrwertsteuer und Versand.) Caroline hat Wirtschaftsinformatik studiert, und Beccy, die mit den Nachwirkungen einer schlimmen Erkältung kämpft, arbeitet hauptberuflich im Gesundheitswesen.

Das Ritual beginnt mit der Anrufung der Elemente Feuer, Erde, Wasser und Luft, die im Zauberwesen, wie ich lerne, mit den vier Himmelsrichtungen korrespondieren. Wir stellen uns im Kreis auf, während jeweils einer aus der Gruppe einen Spruch ruft, den er von einem laminierten Zettel abliest, oder im Fall von James von seinem Smartphone. Rebecca hält unterdessen einen Dolch in der Hand, den sie nach Norden, Süden, Osten und Westen richtet. James ruft am lautesten.

»Elemente des Nordens, Mächtige der Erde, Schweigen und Stärke! Wir laden euch ein, diesem Ritual beizuwohnen. Heil und willkommen!«

Der Hexenchor: »Heil und willkommen!«

In dem Moment, in dem wir das Element des Feuers beschwören, höre ich Hufgetrappel von rechts, Schnauben und Wiehern. Ein schwarzes Pferd galoppiert in fünf Metern Entfernung an uns vorbei, allein, ohne Reiter, ohne Sattel. Ich schaue in die Runde, außer mir scheint niemand auch nur im Geringsten beeindruckt zu sein. Das Tier verschwindet im Wald.

Die Hexen glauben weniger an das Übernatürliche als an die Kraft des Lebens, an einen konstanten Energiefluss, der uns umgibt und aus der Welt und der Natur entspringt. Das Elemente-Ritual dient dazu, den Energiefluss anzuzapfen und für sich zu nutzen. Anstelle von Heiligen, Propheten oder einem Gott huldigen die Hexen der ewigen Kraft des Universums, die uns alle durchfließt, und mit der sie in Harmonie leben wollen. Eine spirituell verpackte Ökobewegung mit Dolchen und Disney-Tassen.

Die Dämmerung legt sich wie ein dunkles Tuch auf die Gruppe. Beccy liest mit getragener Stimme aus einem Buch über Elen of the

Ways, eine kaum bekannte Göttin, die über unterirdische Bäche und Flüsse wacht. Vermutlich gibt es keinen besseren Ort für das Ritual als den New Forest, der immer magischer wird, je mehr Zeit man in ihm verbringt. Die Luft verändert sich, sie wird kalt und rein, bis ein süßlicher Geruch durch die Pinienzweige weht. Der Hauch des Universums, der Duft von Unendlichkeit. Könnten aber auch die Räucherstäbchen sein, die Rebecca eben angezündet hat. Der Vollmond versteckt sich leider immer noch hinter Wolken.

Wir kommen zu dem Teil des Rituals, in dem die kosmischen Kräfte gebündelt werden, um den Mitgliedern des Zirkels bei Problemen des Alltags zu helfen. In meiner Kindheit, in der katholischen Messe, war das der mäßig unterhaltsame Moment, in dem zwölfjährige Jungs im Stimmbruch Fürbitten vorlasen.

Caroline fragt: »Können wir meinem Sohn gute Energie schicken? Der schreibt gerade seine Abschlussklausuren in der Schule. Und mein zweiter Sohn sucht gerade einen Job.«

Rosie sagt: »Meine Mutter braucht gerade einen Stups in die richtige Richtung.«

James sagt, mit einem Seitenblick zu mir: »Gebt mir Kraft, den Ratschlägen zu folgen, die mir erteilt werden.«

Anschließend lässt Jonathan den Disney-Becher mit dem Wein herumgehen. Caroline reicht ihn mir mit den Worten: »Mögest du niemals durstig sein.« Ich überlege, wie hoch die Wahrscheinlichkeit ist, von Beccys Erkältung angesteckt zu werden, wenn ich an dem Becher nippe. Vermutlich geringer als das Risiko, verflucht zu werden, sollte ich nichts trinken. Der Wein schmeckt so, wie man es von einer Flasche für drei Pfund erwarten würde. Leichte Kopfschmerznote, im Abgang Traubensaft.

Nach anderthalb Stunden geht es zum gemütlichen Teil des Abends über, nachdem wir uns von den vier Elementen wieder höflich verabschiedet haben. Bislang ist leider nichts Außergewöhnliches passiert, bis auf das Pferd vorhin. Ich frage in die Runde, ob nicht jemand die fiesen kleinen Stechmücken wegzaubern kann, die uns seit Beginn des Rituals nerven. »Klar«, sagt Rebecca, »versuch das mal.« Sie reicht mir ein Räucherstäbchen. Immerhin hält es die Mücken davon ab, noch tiefer in meine Ohren hineinzukriechen.

Jonathan angelt eine Dose Whisky-Cola aus seiner Priestertasche und erzählt, dass er seit 18 Monaten mit Rebecca »zusammenarbeite«. Mehr sagt er dazu nicht. Er betreibe »komplizierte Magie«, lange, präzise choreografierte Rituale, die bestimmten Zwecken dienten, auf die er aber ebenfalls nicht näher eingeht. Anders als das Vollmondritual an diesem Abend sind diese Veranstaltungen nicht zugänglich für die Öffentlichkeit, sie finden auch nicht draußen statt, sondern in geschlossenen Räumen, weil man sich dort besser konzentrieren könne, sagt Jonathan. Als er von Heilritualen für Krebskranke berichtet, wird es doch noch gruselig. Zwei Patienten, sagt er, hätten sie schon behandelt, mit erstaunlichem Ergebnis: »Die beiden leben immer noch.«

So unbekümmert, wie ich anfangs dachte, sind die Hexen von Southampton nicht. Ich stelle mir düstere Zimmer vor mit Teelichtern auf morschen Dielenböden und Leute mit Kapuzenmänteln, die im Kreis stehen und Verse murmeln. Ich habe an diesem Abend die heitere Seite des britischen Hexenwesens erlebt, aber es gibt auch eine weniger harmlose.

Es ist dunkel geworden, die Gruppe löst sich langsam auf. Schade, dass wir hier nicht nackt herumlaufen können, sagt Jonathan, wegen der Straße und dem Campingplatz. Becky nickt. Ja, wirklich schade.

Aufstieg und Ball

Das zweite Leben eines Ex-Fußballprofis

Mark Ward hat immer noch die Kraft des bissigen Mittelfeldspielers, der seinen Gegner am liebsten schon beim Begrüßungshandschlag vor dem Anpfiff niederringen würde. Seine Hand beißt zu wie eine Bulldogge. Samstagvormittag, Pub-England wälzt sich verkatert im Bett, Fußball-England rennt schon über den Rasen. Ward tritt an den Spielfeldrand eines Bolzplatzes in der Nähe von Liverpool. Hier fing es an: auf einem Stück Rasen mit weißen, langsam verblassenden Linien, knöchelbrechenden Grasbüscheln und windschiefen Eckfahnen. Es endete im Gefängnis. Ward schaut hinaus aufs Feld, wo einige Jungs dem Ball nachrennen, keiner älter als zehn. Es beginnt zu nieseln.

Von diesem holprigen Bolzplatz hat er sich nach oben gekämpft, in die erste englische Liga, zum Everton FC, zu West Ham, Manchester City. Mit Anfang 30 ging seine Karriere zu Ende, und wie viele Fußballer hatte er keine Pläne für die Zeit danach, das war Mitte der Neunzigerjahre. Sein Geld wurde knapp, die Ehe zerbrach, irgendwann hatte er gar nichts mehr. Von einem Bekannten ließ er sich überreden, ein Haus anzumieten, von dem Ward wusste, dass dort nicht nur legale Dinge ablaufen würden. »Es war der Fehler meines Lebens«, sagt er heute. Ende 2005 wurde er wegen Drogenbesitzes zu acht Jahren Gefängnis verurteilt.

Ward ist nicht der erste und auch nicht der einzige Profi, den

es auf die dunkle Seite des Spiels verschlug. Die Hilfsorganisation XPro, die ehemalige Profis auf dem Rückweg in ein Leben jenseits des Platzes begleitet, schätzt, dass 150 professionelle Fußballspieler in britischen Gefängnissen sitzen. 150 Männer, eine halbe Liga.

Das liegt auch daran, dass die Spieler genauer beobachtet werden als Durchschnittsbürger. Der Verfolgungsdruck bei Verstößen ist größer. Kein anderes Volk erfreut sich mit derart inniger Hingabe und Detailliebe am Fall seiner Helden, und die Zeitungen kämpfen darum, dem Hunger ihrer Leser nach Absturz-Stories frisches Futter zu liefern. Die Redaktionen zahlen viel Geld für Tipps, so gelangen Fehltritte eher ans Licht. Adam Johnson vom Sunderland FC etwa wurde angeklagt, weil er ein 15-jähriges Mädchen geküsst und in einem weiteren Fall sexuelle Handlungen mit einer Minderjährigen eingestanden hatte. Die Anhörung dauerte 16

Tage, am Ende wurde Johnson zu sechs Jahren Haft verurteilt. Es ist gut und richtig, dass er für seine Taten zur Rechenschaft gezogen wird. Die Strafe wäre aber sicher geringer ausgefallen, wenn es sich nicht um einen Fußballer in der Premier League gehandelt hätte, sondern um einen Elektriker oder Fliesenleger.

Die Geschichte von Mark Ward ist eine sehr englische. Sie handelt vom Aufstieg, Absturz und Neuanfang eines Helden. Sie spielt auf den Bolzplätzen rund um Liverpool, in Fünftliga-Turnieren, sie windet sich nach oben und kommt schließlich, nach Jahren harten Trainings, in der ersten Liga an. Der Abstieg geht schneller.

Ward tritt gegen einen Ball am Spielfeldrand, eher lustlos. Als seine Karriere begann, in den frühen Achtzigerjahren, war Fußball Arbeitersport. Die meisten Spieler stammten aus denselben kleinen Verhältnissen wie ihre Fans, hatten weder Agenten noch Manager oder Pressesprecher, und verdienten hohe, aber nicht obszön hohe Summen. Die wenigsten bekamen Sponsorenverträge. Ward jedenfalls hatte keinen. Vereine bestimmten über Gehälter und Schicksale. Es gab keine Zwischenleute, Anwälte, Mittler. Nur die Spieler und ihre Clubs. Zu seinen besten Zeiten als Spieler im rechten Mittelfeld bei Everton kam Ward auf ein Gehalt von 2000 Pfund die Woche, aufs Jahr gerechnet 62 000 Pfund nach Steuern, plus Erfolgsprämien. Das würde heute ungefähr einem doppelt so hohen Jahresgehalt entsprechen. Zu wenig, um Millionär zu werden, zu viel, um nicht in Versuchung zu geraten, das Leben eines Millionärs zu führen.

Ward wurde in Huyton geboren, einem rauen Ort östlich von Liverpool. Huyton ist Scouser-Land, so heißen die Leute hier und ihr Dialekt. Scouse, von *lobscouse*, Labskaus, war früher das Essen der Slumbewohner um den Fluss Mersey herum. Heute essen die armen Scouser frittiertes Hühnchen wie überall im Land, aber der Spitzname ist geblieben. Ward war eines von sieben Kindern in seiner Familie, die Mutter Hausfrau, der Vater Hilfsarbeiter auf dem Bau.

Sein Vater Bill sei einer der größten Everton-Fans gewesen, die es in der Gegend gab, erzählt Ward. Das Stadion des Everton FC liegt auf dem Stadtgebiet von Liverpool, nördlich des Zentrums. Der Verein ist der Leuchtturm von Scouser-Land, ein Club, für den die Fans Arme und Beine geben. Nichts hätte den alten Billy mit mehr Stolz erfüllt, als seinen Sohn ein Mal im Leben im Everton-Trikot auf den Platz laufen zu sehen. Doch er starb zu früh.

Als Junge kickte Ward auf Äckern und unter Straßenlampen, schoss Bälle auf Taschen- und Pullovertore und zwischen Holzstecken. Es dauerte nicht lange, bis er merkte, dass er schneller und wendiger auf dem Platz war als die meisten seiner Freunde, auch wenn er kleiner war als sie. Er kam nie über Einsachtundsechzig. Ein Journalist verglich Ward einmal mit einem Metzgerhund, aggressiv, nicht locker lassend, aber gutmütig. Ein kleiner Scouser, der groß sein wollte.

Talentsucher wurden auf ihn aufmerksam. Mit 12 bekam er seinen ersten Vertrag bei Everton, ohne Honorar, Training abends und am Wochenende. Mit 16 verließ er die Schule und begann bei dem Club eine Ausbildung. Er war jetzt Fußball-Azubi. Man könne sich nicht vorstellen, wie unglamourös das gewesen sei, sagt Ward. Schon die Umgebung: Liverpool, die schmutzige Hafenstadt in Westengland, schwarz wie Kohle, kalt wie Stahl. Dreckiges Land. Klar, dass es einen jungen Kerl von hier fort zieht. Ward putzte die Schuhe der älteren Spieler, pflegte den Platz und trainierte täglich, für 16 Pfund die Woche.

Ward steigt in seinen Renault und lässt den Bolzplatz hinter sich. Wurde er unterschätzt von seinen Fans, von Trainern, von Gegnern? Auf jeden Fall, sagt er. Seine Karriere war Kampf, war die täglich unter Schweiß und Schmerzen vollzogene Beweisführung, dass er besser war und größer, als alle dachten. Er fährt an schmalen Backsteinhäuschen vorbei, mit Vorgärten in der Größe von Fußmatten. Scouser Country. Von Everton wechselte er nach Northwich in die fünfte Liga, zu einem halbprofessionellen Team aus Tischlern, Schweißern, Lehrern, Versicherungskaufleuten. Die meisten waren Ende 20, Anfang 30. Ward war mit 19 der Jüngste. Der Club besorgte ihm einen Zweitjob in einer Bäckerei, Backbleche stapeln, damit er Geld zurücklegen konnte. 70 Pfund die Woche, plus 130 als Verteidiger.

Ward wollte nichts sehnlicher als Fußball spielen. »Geld war mir egal«, sagt er. Er war Optimist. Sein Vater hatte gesagt: »Du wirst nicht der Größte sein, aber wenn du dir Mühe gibst und fleißig bist, wirst du der Kräftigste und Schnellste.« Der gute alte Billy. Der Satz hallt bis heute durch Wards Kopf.

In jedem Aufstieg ist der Sturz eingeschrieben, im Fußball noch extremer als anderswo. Je weiter man nach oben klettert, desto mehr Energie kann sich beim Fall entladen, desto härter wird der Aufprall. Die Spieler, die auf dem Gipfel nicht aus Versehen abrutschen, springen selbst. Ein Belegexemplar: Paul Gascoigne, früher Spieler bei Tottenham und in der englischen Nationalmannschaft. Der alte Gazza. Er war bis zur letzten Minute verknallt in den Fußball, den Platz, das Stadion, den Ruhm, so verliebt in das Spiel, dass er bis heute nicht begreifen will, warum er nicht mehr auf den Platz kann. Er zieht jetzt als trauriger Rückfall durch das Land. Hält auf verwackelten Fotos Bierdosen in der Hand und trinkt auf körnigen Videoschnipseln, die im Internet kursieren, aus Ginflaschen. Ein Fußball-Zombie. Einer von vielen, die den Entzug nicht verkraften. Das Spiel kann dich zerstören, krank machen. Durchschnittlich eine von drei Fußballerehen bricht noch im selben Jahr auseinander, in dem Profis ihre Karriere beenden.

1983 lief Ward zum ersten Mal auf den Rasen von Wembley, im Endspiel der FA Trophy, einem Amateurturnier. Northwich verlor das Spiel, aber Ward hatte bewiesen, dass er groß sein konnte. Er bekam ein Angebot von einem Zweitligaverein, für 9500 Pfund Ablöse. Die Clubs, erzählt Ward, hatten damals noch die Macht über die Gehälter. Ohne Agenten war der Nachwuchs auf die Gnade von Trainern, Managern und Vereinspräsidenten angewiesen, man musste betteln, um mehr zu verdienen. Ward arbeitete hart wie nie zuvor, war morgens der Erste beim Training und abends der Letzte. Nach einer Saison fragte er nach einer Gehaltserhöhung.

»Mark, der Erfolg steigt dir langsam zu Kopf«, sagte der Clubchef.

»Wenn ich nicht 350 Pfund die Woche kriege, kicke ich keinen einzigen *fucking* Ball mehr für deinen Verein«, sagte Ward. *Fucking* mit einem dunklen U. Aus Wards Mund klingt das noch heute nach einer Drohung. Er bekam die 350.

Ward nimmt einen Schluck Kaffee. Wir haben uns in die Lobby des Village Hotel gesetzt, nicht weit vom Bolzplatz. Im Hintergrund rauscht die M57 nach Liverpool. Hier, im Village Hotel, brachte Everton ihn und die Mannschaft bei Heimspielen unter, um zu verhindern, dass sich die Jungs am Abend vor dem Anpfiff volllaufen ließen. Der Trainer hatte die Rechnung ohne die Hotelbar gemacht. Irgendwie schafften sie es immer, sich an seinen Patrouillen vorbeizuschleichen.

Für Ward machte sich die harte Arbeit bezahlt. 1985 sprach ihn der Chef von West Ham an, in London. Er bot Ward eine Viertelmillion Ablöse und ein Gehalt von 600 Pfund die Woche. Er war jetzt so groß wie nie. Wards Frau hatte eine Tochter geboren, sie kauften sich ein Haus, machten Urlaub auf den Cayman-Inseln, in Spanien und der Karibik, und wohnten in teuren Hotels. Sie brauchten nicht lange, bis sie sich an das Geld gewöhnt hatten. Seine Frau hatte eine Schwäche für Mode, sagt Ward, für Schuhe natürlich, klar. Später schenkte er ihr ein Pferd. Es sah aus, als würde das Geld immer weiter fließen. 1989 bot Manchester City eine Million Pfund für ihn, zwei Jahre später wechselte er für 1,1 Millionen nach Everton. Ausgerechnet Everton, sein Heimatclub. Wenn sein Dad Billy das erlebt hätte.

Mark Ward sagt, damals, auf dem Höhepunkt seiner Karriere, hätte er innehalten und sich sagen müssen: Spar etwas von der Kohle für später. Von seinen Kumpels konnte später keiner in den Ruhestand segeln und von Zinsen leben. Einige arbeiten heute beim Radio oder Fernsehen als Kommentatoren, viele halten sich als Redner über Wasser, mit Auftritten vor Fanclubs oder Motivationsansprachen für Manager. »After dinner stuff«, sagt Ward, übersetzt heißt das: vor dicken, halbbetrunkenen Männern in Hotelrestaurants oder Landgasthöfen ein paar launige Sätze über den Fußball, das Leben und den ganzen Rest herausquetschen.

Ward war 31, als sich seine Karriere im Mittelfeld dem Ende zuneigte. Der Plan war, als Spielertrainer auf einen Posten jenseits der Seitenlinie zu wechseln, aber es klappte nicht. Mal geriet er mit dem Cheftrainer aneinander, mal gab es keinen geeigneten Job. Also spielte er weiter. Er kickte bei Birmingham und Huddersfield, einem Drittligisten. Alternativen hatte er nicht. Mitte der Neunzigerjahre ging seine Ehe in die Brüche. Seine Frau bekam das Haus. Er verletzte sich an der Hand und wurde spielunfähig. Sein Leben löste sich auf.

Was hat er dann gemacht? »Was alle Fußballer tun, die keinen Plan haben, wenn sie aufhören. Ich kaufte ein Pub.« Sein Vater Bill war Stammgast im »Watchmaker« in Whiston gewesen, einem Pub mit großer Anschreib-Kundschaft, die ihre Schulden entweder spät oder gar nicht zahlte. Im Nachhinein nicht die cleverste Strategie, um einen Teil seines Vermögens anzulegen, aber im Nachhinein ist man immer schlauer. Ward verlieh zu viel Geld, verlor die Disziplin, fing selbst an zu trinken. Immobiliendeals gingen schief, sein Vermögen schmolz. Irgendwann sagte er sich: Ich muss ein neues Leben anfangen, am besten ganz weit weg. Er wollte nach Australien. Es gab die Möglichkeit, dort eine Fußballschule aufzubauen. Weit weg von Scouser-Land. Er brauchte nur Geld und ein Visum.

Das Geld kam in Gestalt eines Bekannten, der ihm 500 Pfund die Woche versprach, wenn Ward eine Wohnung auf sich anmeldete und sie untervermietete. Ward war skeptisch, aber er hätte nur ein paar Monate gebraucht, um das Flugticket auf die Südhalbkugel bezahlen zu können. Er wusste, dass in dem Haus illegale Geschäfte gemacht wurden. Was er nicht wusste: Die Polizei hatte die Räume verwanzt. Die Razzia fand am 12. Mai 2005 statt, es wäre Billys 69. Geburtstag gewesen. Die Polizei fand in der Wohnung drei Kilogramm Kokain, dazu Mischutensilien. Eine ganze Drogenküche. Ward wurde zu acht Jahren Haft verurteilt. Ab nach Walton Prison, zur kriminellen Unterschicht von Liverpool. Ward war jetzt nicht mehr der Star mit der Rückennummer 7, sondern Häftling NM6982.

Immerhin befand er sich, von außen betrachtet, nicht in der schlechtesten Gesellschaft. Etliche Stars landeten vor und nach ihm im Gefängnis. Peter Storey, der für Arsenal und im Nationalkader spielte, wurde erst wegen des Betriebs eines Bordells verurteilt und später wegen des Versuchs, Goldmünzen nachzumachen. Mickey Thomas, früher bei Manchester United, hatte Banknoten gefälscht; Peter Swan, England-Mittelfeldspieler, war in einen Wettskandal verstrickt; Joey Barton, Newcastle, hatte eine Kippe im Auge eines Mitspielers ausgedrückt. Und dann waren da die Alkoholiker. George Best, die England-Legende, war zwar nicht kriminell, sondern nur dauernd besoffen, auch am Steuer, und musste genau deswegen auch ins Gefängnis. Genau wie Terry Fenwick (QPR, Tottenham), Tony Adams (Arsenal), Gary Charles (Nottingham Forest) – die Liste ließe sich lange weiterführen. Alles Knast-Legenden. Brüder im Geiste von Mark Ward.

Der wiederum gab nicht auf. Ging in Walton Prison täglich in den Kraftraum, mied Streit, blieb sauber und schrieb ein Buch. Nur einmal schleuste er eine Sim-Karte für sein illegales Handy in die Zelle. Klingt verrückt, sagt Ward, aber der Knast habe ihm Disziplin zurückgegeben. Die Haft hatte fast etwas Reinigendes. Im vierten Jahr arbeitete er im offenen Vollzug als ungelernte Kraft auf Baustellen. Er war jetzt dort angekommen, wo Billy gewesen war, sein Vater. Ein Hilfsarbeiter auf dem Bau.

Wenn du aus dem Knast entlassen wirst, sagt Ward, stehst du da mit nichts. Er habe viel gelernt. Er ist ruhiger geworden. Vorsichtiger mit Geld. Vor zwei Jahren heiratete er seine neue Freundin, eine Blumenverkäuferin aus Whiston. Er ist vierfacher Großvater und freut sich, dass er sich um seine Enkel kümmern kann. Wenn er etwas hat, dann Zeit. Vorige Woche war er mit Terry McDermott, einer weiteren Liverpooler Legende, bei einer dieser »After Dinner«-Geschichten. Es gab Fish & Chips, Ward trat als Letzter auf die Bühne. Er erzählte einige Anekdoten aus dem Spielerleben, aber die Leute interessierten sich nur für den Absturz. Das ist jetzt sein Leben. Fish & Chips und Fans, die Stories aus dem Knast hören wollen.

Im Moment pendelt Ward zwischen Liverpool und London, wo er gelegentlich arbeitet. Ich hatte ihn zum ersten Mal bei einem Heimspiel von West Ham getroffen, seinem früheren Club, im alten Stadion in Upton Park, tief im Osten Londons. Das East End ist hier noch so dreckig wie vor Jahrzehnten, in der Luft liegt der Geruch von billigen Hamburgern und Frittierfett. Der erste, der Ward nach der Entlassung aus dem Gefängnis einen Job anbot, war der Hausklempner von West Ham. Im Prinzip arbeitet er also wieder für den Verein, für den er mal gespielt hat, wenn er nun auch Wasserleitungen verlegt, Wände streicht und Rigipsplatten einzieht. Er saß gleich neben der Pressetribüne, aber das Spiel unten auf dem Rasen interessierte ihn nicht besonders. Er wirkte, als habe er sich mit seiner Größe abgefunden.

Being Kate Middleton

Wie sich ein Double in die Herzogin verwandelt

Es dauert ungefähr zweieinhalb Stunden, Kate zu werden. Erst wäscht Heidi Agan ihre Haare mit volumenvergrößerndem Shampoo und massiert Conditioner hinein. Zwei oder drei Mal die Woche gönnt sie ihrem Kopf eine selbstgemischte Avocado-Honig-Rosmarin-Olivenöl-Kur. Ihre Haare sind dünner als die von Kate, der Herzogin von Cambridge, deshalb gibt sich Heidi beim Föhnen besondere Mühe, ihrer Frisur Fülle zu verleihen. Anschließend dreht sie Lockenwickler hinein und legt, während die Wickler wickeln, eine Feuchtigkeitsmaske auf die Gesichtshaut. »Preparing the canvas«, nennt sie das: die Leinwand vorbereiten. Nach der Maske trägt sie Sonnenschutz auf, dann Primer, Foundation, Concealer, Contourer und Highlighter, und wenn das alles mit verschiedenen Quasten, Läppchen und Pinseln aufgetupft, zerrieben und abgewedelt ist, macht sie sich an die Augenpartie. Heidi verfügt über gebogene Augenbrauen, im Gegensatz zu Kate, deren Brauen dummerweise (aus Heidis Sicht) sehr gerade sind. Auf ihrem Schminktisch liegen zwei verschiedene Lidschatten, hell und dunkel, von denen sie abhängig von Termin und Tageslaune einen auswählt. Es folgen Eyeliner und Wimperntusche. Zuletzt betupft Heidi ihre Wangen mit pink- und pfirsichfarbenem Blush und rundet alles mit einem flüssigen Rouge ab. Dann öffnet sie den Kleiderschrank.

Es gibt in etwa 200 Kate-Middleton-Doppelgängerinnen auf der Insel. Heidi Agan sagt, sie sei die Beste. Auf ihrer Webseite nennt sie sich das »offizielle« und »realistischste« Double, aber da es keine Organisation gibt, die Prüfsiegel für Ähnlichkeiten mit Mitgliedern der Königsfamilie vergibt oder Doppelgängerdiplome verleiht, bleibt das eine Behauptung. Zumindest ist Heidi eines der meistgebuchten Doubles. Man muss sagen, dass sie Kate ziemlich ähnlich sieht, auch wenn sich, sobald man ihr etwas näher kommt, neben den Augenbrauen weitere kleine Unterschiede offenbaren: blaue statt grüne Augen, ein runderer Kopf, eine größere Nase, im Profil kantiger. Heidi ist außerdem etwa zehn Zentimeter kleiner als das ein Meter achtundsiebzig große Original und gibt zu, dass ihr Englisch weniger abgehoben klingt als das von Kate. Nicht so *posh*. Sie stammt aus den dialektmäßig eher problematischen Midlands in Zentralengland östlich von Birmingham und hat anders als die Herzogin keine Oberschicht-Uni besucht, wo dem Nachwuchs das Oxford-Englisch der Aristokratie antrainiert wird – *bath* mit einem langen, dunklen A, und nicht »bääth«. Aber wenn Heidi lacht, ihre Oberlippe zu einer schmalen Linie wird, die geraden, weißen Zahnreihen aufblitzen – keine Frage, da lacht Kate.

Heidi sitzt in der Küche ihrer Eltern in der Nähe von Kettering in der Grafschaft Northampton, trägt Jeans, was Kate nur in Ausnahmefällen tun würde, und schlägt ihre Beine übereinander, was Kate definitiv nicht öffentlich tut. (Wenn Kate sitzt, erklärt Heidi, hält sie ihre Knie geschlossen und stellt die Beine schräg, was den Eindruck erweckt, ihre linke Pobacke schmerze.)

Doch vielleicht sind sich die beiden ähnlicher, als man glaubt. Die echte Kate stieg von der Tochter einer Flugbegleiterin zur Herzogin und Thronfolgerin auf; die falsche Kate von einer Kellnerin bei Frankie & Benny's, einer Burgerkette, zur Prinzessinnen-Darstellerin. Weder die falsche noch die echte Kate haben adlige Wurzeln, beide wurden in ihre Rollen nicht geboren, sondern mussten

sie mühsam lernen. Heidi ist nur zwei Jahre älter als das Original, auch sie hat einen Sohn und eine Tochter, Blake und Abigail. Der Unterschied ist, dass Kate zu Staatsbesuchen nach Indien reist, während Heidi Reklame für Milch, Kosmetik und Asda-Supermärkte macht, irgendwo in der britischen Provinz. Wenn sie nicht für Firmenfeiern oder für Werbung gebucht wird, arbeitet sie im Kirchencafé von Kettering als Freiwillige.

Wer oder was ist Kate Middleton? Niemand weiß es, alle kennen sie. Die Schriftstellerin Hilary Mantel schrieb, Kate sei für ihre Rolle wegen ihrer Tadellosigkeit ausgewählt worden, schmerzhaft dünn, ohne Marotten oder Eigenheiten, ohne das Risiko eines aufscheinenden Charakters. Eine Frau wie von einem Komitee entworfen. Die ideale Prinzessin.

An Heidi Agan sieht man, wie hart das sein muss. Being Kate Middleton ist ein verdammt schwerer Job. Heidi zählt jede Kalorie, isst keine Kartoffeln, kein Weißbrot, trinkt kaum Alkohol und verzichtet auf Kuchen. Dabei liebt sie Kuchen. Stattdessen: viel Gemüse, täglich Sport, literweise Kokoswasser. Das Haus verlässt sie grundsätzlich nur geschminkt, frisiert und gut gekleidet. Man wisse nie, wer einem begegne, sagt sie. Zuckende Mundwinkel und schlaffe Gesichtsmuskeln vom vielen Lächeln kennt sie gut, vermutlich wie die echte Kate. Ja, ja, die vielen Privilegien, die die Herzogin hat — aber kompensiert ein Leben in der First Class wirklich die Tatsache, dass Kate tun muss, was die Palaststrategen für richtig halten? Macht es auf Dauer Spaß, sich an Weihnachten sechsmal umzukleiden? Womöglich ist die falsche Kate von beiden die glücklichere, freiere.

Sie breitet ihre Prinzessinnen-Garderobe auf dem Küchensofa aus. Ein kobaltblaues Kostüm von LK Bennett, ein wallendes, nachtschwarzes Spitzengewand und ein cremefarbenes Kleid mit schwarzen Punkten von TopShop, in das nicht einmal mein linkes Bein hineinpassen würde. Zum Teil kauft Heidi die gleichen Kleidungsstücke wie Kate, wenn sie nicht allzu teuer sind. Das Punkte-Kleid von TopShop kostete nur 25 Pfund, die einzige Herausforderung für Heidi war, den Massen zuvorzukommen, die das Kleid ebenfalls haben wollten. Meist lässt Heidi von Kates Garderobe in China Replikate fertigen, zum Beispiel wenn das Dolce & Gabbana-Kostüm im Laden zweieinhalbtausend Pfund kosten würde. Man glaube ja gar nicht, wie schnell die chinesischen Schneider seien, es gebe Webseiten, erzählt Heidi, die sich auf Kate-Kostüme spezialisiert hätten. Die »Daily Mail« erstellt zur Berichterstattung über das Königshaus regelmäßig Einkauftipps. Insofern wirkt Kate tatsächlich als Inspiration für eine Generation junger Frauen. Wenn auch nur beim Shopping.

Heidi macht den Job als Kate-Double seit drei Jahren. Sie verdient zwar nicht viel mehr als früher bei Frankie & Benny's, fühlt sich aber unabhängiger. Für ihre Rolle reist sie quer durch Europa und sogar weiter, bis nach New York, Australien und China. Hin und wieder fliegt sie sogar Business Class. Sie wurde zur Teilzeitprinzessin. Außerdem entwickelte sie sich zu einer der genauesten

Kate-Beobachterinnen, die das Land zu bieten hat. Heidi liest die meisten Zeitungsartikel über die Herzogin, schaut die Berichte im Fernsehen an, einmal sah sie Kate aus nächster Nähe bei einer Veranstaltung. Wenn Heidi winkt, spreizt sie den kleinen Finger leicht, wie die Herzogin. Wenn sie geht, hält sie mit einer Hand den Mittel- oder Ringfinger der anderen Hand fest. Man könne auch erkennen, wenn sich Kate ihre Frisur mal wieder eigenhändig und ohne Hilfe zurechtgeföhnt habe, einzelne Haare stünden dann ab. Irgendwie auch sympathisch. Außerdem sei Kate in den vergangenen Jahren züchtiger geworden, sagt Heidi, royaler auch. Sie gehe vorsichtiger mit dem Eyeliner um, ihre Röcke werden länger. Voriges Jahr stellte Heidi beim Betrachten eines Fotos fest, dass Kate offenbar eine Zahnbegradigung unten links machen ließ. Das habe sie, Heidi, zum Glück nicht nötig.

Jede Imitation ist eine Form der Anerkennung, so funktioniert auch das Wachsfigurenkabinett von Madame Tussaud's. Die Briten lieben Doppelgänger, sie können sich an ihnen gar nicht sattsehen, anders als in den USA, wo Doubles hauptsächlich tote Prominente auferstehen lassen, wie Elvis. »Die Amerikaner verstehen mich nicht«, sagt Heidi. Was traurig ist, da ein großer Markt praktisch wegfällt. In Großbritannien dagegen kann sie anhand der Nachfrage nach ihrem Talent ablesen, wie der Aktienkurs der Monarchie gerade steht. Derzeit könne sie nicht klagen, aber das Geschäft ist volatil und stark davon abhängig, wer gerade heiratet, schwanger ist, ein Kind bekommt oder seinen 90. Geburtstag feiert. Je seltener sich Kate in der Öffentlichkeit zeigt, desto schlechter für Heidi.

Natürlich macht sie sich Gedanken um die Queen und deren Nachfolge. Die Zukunft der Monarchie ist auch Heidis Zukunft. Sollte das Volk König Charles nicht akzeptieren, die Windsors aus dem Palast drängen und, Gott behüte, eine britische Republik ausrufen, könnte Heidi ihre Rolle genauso an den Nagel hängen wie alle anderen Königshaus-Doppelgänger. Das Queen-Double, mit dem sie gelegentlich zusammen auftritt, ist seit 25 Jahren im Geschäft. Aber sicher ist dessen Arbeitsplatz auch nicht.

Hat sie einen Plan B? Nö. Sie hoffe, ihre Landsleute verstünden, wie wichtig die Monarchie für die Gesellschaft sei. Die jungen Royals engagierten sich für wohltätige Organisationen, die psychisch Kranken helfen. Das sei doch relevant wie selten zuvor, oder nicht? »England ist ein depressives Land, Kate und William haben das verstanden«, sagt Heidi. Die Monarchie sei eine Institution, zu der man aufschauen und auf die man stolz sein könne.

Sie prüft im Spiegel ihre Frisur, bevor sie die Haustür öffnet. Dann steigt sie ins Auto und fährt mich zum Bahnhof.

Die große Boris-Show

Mit Boris Johnson im Londoner Untergrund

Boris Johnson hat die Bulligkeit von Winston Churchill, den Charme von Hugh Grant und eine Frisur wie das ungemachte Bett von Tracey Emin. Seine Sprache stammt aus einem Roman von Evelyn Waugh, sein Liebesleben aus den Klatschspalten der »Daily Mail«. Er ist bescheiden und ehrgeizig, selbstlos und egozentrisch, melancholisch und heiter, öffentlichkeitssüchtig und verschlossen, und die gute Nachricht könnte sein, dass er wie die meisten von uns ebenso wenig weiß, wer er sein will und was zum Himmel er hier treibt. Die schlechte Nachricht wäre, dass er Politiker ist und sein Verhältnis zur Wahrheit genauso elastisch wirkt wie sein Charakter, was für jemanden, der ein öffentliches Amt ausübt, einige Nachteile hat.

Boris ist der einzige Politiker auf der Insel, der keinen Nachnamen braucht. Man kennt ihn auch so. Er ist das Maskottchen auf dem Bolzplatz von Westminster, ein Rambo, ein Stürmer, ein Clown, der krampfhaft ernst genommen werden will, sowie der am längsten amtierende Spitzenkandidaten-Kandidat der Konservativen. Keinem wird seit so langer Zeit bescheinigt, Premierministermaterial zu sein. Und keiner zerschmettert die Chancen auf den Einzug in die Downing Street mit so schöner Regelmäßigkeit wie er. Nie kam er dem Spitzenamt so nahe wie nach dem Brexit-Referendum, als David Cameron zurücktrat und das Land sich schon auf einen Premierminister Johnson einstellte. Dann aber hinterging ihn sein politischer Mitstreiter Michael Gove, indem er Boris die Führungsqualitäten absprach, die ein Premierminister benötigt. Wieder einmal scheiterte Boris. Es muss zu den irrwitzigen Ereignissen des an Irrwitzigkeiten nicht armen Sommers 2016 zählen, dass daraufhin ausgerechnet der undiplomatischste Politiker der Insel zum Chefdiplomaten wurde und das Außenministerium leitet. Dort sitzt Boris nun und soll Europa erklären, warum zur Hölle er Großbritannien aus der EU geführt hat.

Seine Auftritte sind eine Mischung aus Performance-Kunst und Stand-up-Comedy. Er war immer selbst sein bester Feind, was für sein britisches Publikum, das politische Unterhaltung schätzt, definitiv eine gute Nachricht ist.

An diesem Vormittag ist er in Uxbridge unterwegs, im westlichen Speckgürtel von London. Es ist Frühjahr 2015, Großbritannien ist noch EU-Mitglied, von Brexit keine Rede, Johnson ist Bürgermeister von London. Der Boris-Show soll ein neues Kapitel hinzugefügt werden: Boris, der Seriöse. Johnson will als Abgeordneter für Uxbridge ins Parlament einziehen. Er saß schon einmal im Unterhaus, Anfang der Nullerjahre, aber es war eine eher rostige, trübe Zeit. Unter anderem begann er eine Affäre mit einer Journalistin vom »Spectator«, log die Partei darüber an und verlor seinen ohnehin nicht ruhmträchtigen Job als Schatten-Kulturminister. Nicht wegen der Affäre, wegen der Lüge. Noch so eine Boris-Nummer. 2008 wurde er zum Bürgermeister von London gewählt und vier Jahre später im Amt bestätigt. Im Rathaus wollte er beweisen, dass er sich zusammenreißen, Verantwortung übernehmen und einen großen Job ausfüllen kann. Es war nicht einfach. Während sein Schul- und Studienfreund David Cameron in der Downing Street saß und das Land regierte, biss sich Johnson ein paar Meilen weiter südlich von Downing Street im Rathaus durch Verkehr-, Polizei- und Abwassergesetze. Jetzt sucht er eine Aufgabe, bei der er mehr zu sagen hat. Und dann will er Premierminister werden.

Man darf ihn ein Stück auf dem Weg nach oben begleiten, sein Pressesprecher gab grünes Licht. Trotzdem wirkt er verdutzt, als ich in der U-Bahn-Station von Uxbridge mit ihm in die Metropolitan Line steige. Ein Drama in 16 Haltestellen nimmt seinen Lauf.

Uxbridge. Johnson lässt sich auf einen Viererplatz fallen, seine Wollmütze tief in die Stirn gezogen. Nicht, weil es hier drinnen kalt wäre, sondern weil er sein besonderes Markenzeichen verdecken will: die engelhaft blonden, stets verwuschelten Haare. Sie verraten ihn, sie machen ihn kenntlich. Die Mütze ist Kälteschutz und Tarnkappe zugleich, sie verwandelt Boris, den Kumpeltyp, in den Durchschnittspassagier Mr. Johnson, der unbehelligt bleiben möchte.

Er ist alleine, keine Berater, keine Leibwächter. Nur ein Mann mit seinem Rucksack. Er beginnt das Gespräch mit einem überraschenden, weil zusammenhang- und anknüpfungslosen Loblied auf freie Märkte. Der Kapitalismus, sagt Johnson, stehe unter Beschuss durch eine »schreckliche Mischung von Konfusion, Depression, Apathie und Ignoranz«. Die Menschen müssten verstehen, dass das kapitalistische Modell »moralisch wertvoll« sei. Bevor man nachfragen kann, was er damit genau meint, sagt Johnson, Amerika werde stärker, Afrika werde stärker, China auch. »Ich mache mir Sorgen um die EU.« Später stellt sich heraus, dass der Kapitalismus zufälligerweise das Thema einer Rede ist, die er am selben Abend vor ausgewählten Gästen des Legatum Institute in London halten wird, einem Thinktank.

Wie jeder gute Entertainer holt Johnson seine besten Pointen immer wieder hervor, baut sie aus, schleift sie, poliert sie. Es gibt sogar ein schmales Bändchen mit seinen besten Gags und Aphorismen, herausgegeben von einem seiner zahlreichen Bewunderer. Über die Jahre sammelte sich in seinem Kopf ein Berg an Material. Er ist ein Meister des Recyclings, das verschafft ihm Zeit, im Prozess des Wiederkäuens Gedanken zu entwickeln, die er bis vor wenigen Sekunden selbst nicht kannte. Der Zug setzt sich in Bewegung und fährt, einen weiten nordwestlichen Bogen beschreibend, in Richtung Innenstadt.

Hillingdon. Wir sind beim Komplex »Was Europa falsch macht«. Johnsons Lieblingsthema, seit er als Brüssel-Korrespondent des »Daily Telegraph« Anfang der Neunzigerjahre das Europa-Bashing quasi erfunden hat. Damals entwickelte er die Strategie, die er seitdem perfektionierte: Eine kleine, wahre Begebenheit derart aufzupumpen und mit Bombast zu überhöhen, dass sich später die Übertreibung von einer Lüge kaum unterscheiden lässt. Er schuf eine Karikatur von Europa, die er seither verbreitet. Die EU-Kommission, schrieb der Reporter Johnson, werde ihr Gebäude in die

Luft sprengen, weil es mit Asbest verseucht sei. Das entsprach so wenig den Tatsachen wie vieles andere, was er in seinen Brüssel-Jahren in Artikelform nach London schickte. Er schrieb über angeblich genormte Euro-Kondome, über den angeblichen Geheimplan des damaligen Kommissionspräsidenten Jaques Delors, Europa zu beherrschen, sowie über das angebliche Vorhaben der Kommission, Kindern unter acht Jahren das Aufblasen von Luftballons zu verbieten. Alles großer Quatsch. Unterhaltsamer Quatsch natürlich. Johnson überzieht auf so wahnwitzige Art, dass ihm das Publikum gerne verzeiht, wenn sich herausstellt, dass der Reporter wieder einmal übers Ziel hinausgeschossen ist. Das Problem ist, dass er damit eine der bis heute beliebtesten Formen des englischen Journalismus schuf: Brüssel-Bashing.

»Kennen Sie James Dyson?«, fragt Johnson. »Ein Brite, baut hübsche Staubsauger. Irgendwann kam Brüssel mit einem Vorschlag um die Ecke – kein Vorschlag, eine Verordnung! – und das Ende vom Lied war, dass britische Staubsauger angeblich zu stark seien. Sie müssten gedrosselt werden, hieß es.«

Warum? Hatte sich jemand an den Geräten verletzt?

»Ich bin sicher, dass sich Menschen auf alle möglichen, kaum vorstellbaren Arten mit Staubsaugern verletzen.« Breites, verschwörerisches Grinsen. »Es gibt vermutlich ein schönes deutsches Wort für die Selbstschädigung durch Staubsaugermissbrauch, oder?«

Ickenham. Thema Skilehrer: »Warum haben britische Skilehrer eigentlich so große Probleme, an den Pisten in Österreich oder Frankreich eine Zulassung zu bekommen? Das ist eindeutig eine Handelsbarriere.« Die EU müsse etwas dagegen unternehmen, dass die österreichischen Skilehrer ihren britischen Kollegen die Arbeit erschwerten. »Wir Briten sind die Erfinder des Skisports. Außerdem haben wir, das nur am Rande, nahezu alle anderen Sportarten der Erde entwickelt.« Schon deshalb sei diese Sache so lächerlich.

Bis hierhin klingt Johnson wie seine Montags-Kolumne im »Telegraph«. Gebildet und polternd zugleich, mit einer großen Lust, den linksliberalen Konsens zu zerschmettern, und zugleich unfähig, nicht in mindestens jedem dritten Satz eine Pointe unterzubringen. Muss nicht schlecht sein für einen Politiker. Johnson hat ein feindseliges Verhältnis zu Eintönigkeit und auch zu Kollegen in Westminster, die denken, das Volk mit überkorrekter Langeweile für sich gewinnen zu können. Nein, Johnson ist nicht wie die grauen Männer auf den Parlamentsfluren. Er ist ein Kämpfer, ein Überzeuger, eine Rampensau, wenn es sein muss. Ein Kerl, der seinen Instinkten mehr vertraut als jedem Experten. In einer seiner Kolumnen schrieb er, vor seinem Fenster schneie es gerade. All die Theorien von Klimaerwärmung seien ja schön und gut, er aber sei Empiriker und sehe den Schnee auf dem Blumentopf und dem Grill draußen. Seine These: Der Erde stehe eine Mini-Eiszeit bevor.

Ruislip. Johnson rutscht auf seinem Sitz herum. Die Frage war, ob Großbritannien den Zuzug von Einwanderern begrenzen soll, wie es viele Tories fordern. Ihm ist die giftige Debatte über Immigranten unangenehm. Er wurde an der Upper East Side in Manhattan geboren, als sein Vater bei der Weltbank in New York arbeitete. Seine Familie hat Wurzeln in halb Europa. Sein Urgroßvater Ali Kemal war ein türkischer Polemiker und der letzte Innenminister des Osmanischen Reichs. »Meine Oma stammte aus Frankreich, ich liebe die Franzosen. Von mir wirst du kein *frog bashing* hören«, sagt er. »Deutsche Vorfahren habe ich übrigens auch. Also auch kein *kraut bashing*.« Seine Forderung: Die Regierung solle den »Wohlfahrtstourismus« nach Großbritannien unterbinden.

Eine Frau auf dem Sitz gegenüber ruft: »Genau!«

Johnson dreht sich zu ihr. Gute Gelegenheit, das Thema in eine andere Richtung zu steuern. »Wir müssen einen Weg finden, die richtigen Leute anzulocken«, sagt er.

Wie?

Schulterzucken. Vor einiger Zeit warb er für ein Punktesystem ähnlich wie in Australien oder Kanada, wo Immigranten nach Eignung und Talent bewertet werden, bevor sie einreisen dürfen. Dann hat ihm jemand erzählt, dass das in England nicht funktioniert. Also hat er seine Meinung geändert, wie immer. Johnson weiß auch nicht, wie man gute Migranten auf die Insel holt und schlechte fernhält. Solche Details interessieren ihn nicht. Darüber sollen sich andere Gedanken machen.

Bis heute ist Boris' Leben ein Experiment in Erwachsenwerden, das regelmäßig am Versuchsobjekt scheitert. Einen Reporter von »Vanity Fair« begrüßte er zu Hause einmal in Unterhose. Es war während seiner ersten Phase als Abgeordneter, er war spät dran und musste einen Zug erwischen. Hose an, rein in die U-Bahn. In King's Cross stellte er fest, dass er am falschen Bahnhof stand.

Harrow-on-the-Hill. In einer der drei oder vier Innentaschen seiner wasserabweisenden und atmungsaktiven Funktionsjacke, die er wie einen Poncho über dem Jackett trägt, vibriert etwas. Johnson fischt ein Smartphone heraus und schaut auf den Bildschirm. Unbekannte Nummer. Er steckt das Gerät zurück. »Ich gehe nie ran, wenn ich nicht weiß, wer anruft.«

Northwick Park. Mag er Westminster? »Yeah. Ich glaube aber, es muss reformiert werden.« Wie? »Keine Ahnung. Da ist alles so schal.« Abwesender Blick aus dem Fenster. »Wir müssen die elektronische Abstimmung für Abgeordnete einführen. Spart Zeit.« Johnson gähnt.

Preston Road. Hat er einen Plan oder eine Agenda für seine Zeit im Parlament, falls er gewählt werden sollte? »Eine Agenda?« Er schaut halb schockiert, halb belustigt. »Äh, ja klar. Ich will eine Menge Sachen erledigen. Ähm ...«

Wembley Park. Wir sprechen über die Wahlkämpfe, die er als Parlamentskandidat und Abgeordneter der Tories hinter sich hat, 2001 und 2005. Beide Male konnte er ein Mandat erringen, während seine Partei die Wahl verlor. Frustrierende Zeit, sagt Johnson, er meint damit die trüben Jahre in der Opposition gegen Tony Blair. Noch größeres Gähnen. Entweder ödet ihn auch dieses Thema an, oder er spricht nicht gerne über Niederlagen. Aus Langeweile oder Interesse stellt er jetzt Fragen. »Was passiert in der deutschen Politik so? Angela hat wieder mal gewonnen, oder?« Blick aus dem Fenster. Schweigen.

Finchley Road. »Ich bewundere Perikles. Seine Grabrede während des peloponnesischen Krieges ist grandios. Da steckt alles drin. Ihm ging es um eine Demokratie, die auf Leistung beruht, nicht auf der sozialen Stellung oder dem Reichtum des Einzelnen. Wenn ich dir einen Tipp geben darf: Lies die Grabrede!«

Baker Street. Johnson kaut auf der Frage herum, warum britische Politik aus seiner Sicht so langweilig und berechenbar geworden ist. Sein zweites Lieblingsthema, neben Europa. Er sagt, viele seiner Kollegen in Westminster ließen sich von dem Hass einschüchtern, der ihnen im Internet entgegenschlägt, auf Twitter und Facebook vor allem. »Das pasteurisiert, homogenisiert, sterilisiert die Debatten. Der Käse ist nicht mehr so würzig. Das Penicillin wird stärker.« Er denkt kurz nach. »Ich glaube, Politik kann spannend sein. Immerhin waren wir beim Schottland-Referendum kurz davor, dass unser verdammtes Land auseinanderbricht.« Er springt auf und hechtet zur Tür. »Müssen wir hier raus?« Nein, doch nicht. Er lässt sich auf seinen Sitz zurückfallen.

Johnson ist ein merkwürdiges Wesen. Belesen und bauernschlau zugleich, extrovertiert und zurückgezogen. Wir haben über Perikles geredet, Twitter, Staubsauger, Einwanderer, Skilehrer, nur nicht über ihn selbst. Er hasst dieses Thema. Es kommt mir vor, als sei das ganze Gespräch eine riesige Ablenkungsmaßnahme, schließlich war er lange genug Journalist, um zu verstehen, was sein Gegenüber will. Als ich erzähle, dass mir sein Vater Stanley den Stammbaum der Familie Johnson zugemailt hat, ruft Johnson durch den Zug: »Jesus Christus – wirklich?«

In den Gesprächspausen, die er immer wieder einlegt, schaut er minutenlang schweigend aus dem Fenster. Er wirkt gedankenversunken und auf unkontrollierte Art melancholisch. Ich glaube, das ist es, was viele Menschen so für ihn einnimmt. Seine Schwächen liegen offen zutage, jeder kennt die Geschichten seiner Scheidung und seiner Affären, sie gehören zum Kulturgut Großbritanniens wie die Gärten von Capability Brown. Johnson ist ein Mensch. Seine Schwächen wurden zu Stärken. Wir erkennen uns in ihm wieder, auch wenn wir nur einen Bruchteil seiner Chuzpe und Schlauheit besitzen. Er weiß das, und er spielt damit, aber das macht ihn nicht weniger gefährlich.

Great Portland Street. Was soll aus seiner Zeit als Bürgermeister im Gedächtnis bleiben? Johnson muss nicht lange nachdenken: »Dass London die Hauptstadt der Welt wurde.«

Euston Square. Er erzählt, dass er die für einen Bürgermeister der britischen Hauptstadt drängendste Aufgabe bislang nicht bewältigen konnte: den Wohnungsmangel in der Stadt zu beheben. Ein lösbares Problem? Er schüttelt den Kopf. »Glaube nicht.«

King's Cross. Ende der 50-minütigen Fahrt. Johnson schultert seinen Rucksack, während er über das »Team London« redet, eine Freiwilligen-Initiative, die er ins Leben rief. »Schwer erfolgreich«, sagt er. »Genau das, was ich erreichen wollte.« Den Rest seiner Zeit im Rathaus, noch etwas über ein Jahr, werde er sich darauf konzentrieren, die losen Enden zusammenzufügen. Verkehr, sozialer Wohnungsbau, undsoweiter. Ohne erkennbare Überleitung fügt er hinzu: »Ich bin Rugby-Spieler.«

Soll das heißen, er ist mehr Rambo als Teamspieler?

»Beides.«

Epilog. Offenbar gerät Johnson nach der Bahnfahrt ins Zweifeln. Entweder plagt ihn ein schlechtes Gewissen, oder er ist unzufrieden mit dem Verlauf des Gesprächs. Jedenfalls begrüßt er mich abends, nach seiner Kapitalismus-Rede im Legatum Institute, wie einen alten Kumpel und sagt: »Hey! Tut mir wirklich leid für heute Morgen. Ich hatte furchtbare Kopfschmerzen.«

Fünf Monate später sitzt er in seinem Büro im Rathaus. Draußen wälzt sich die braune Suppe der Themse vorüber, die Sonne scheint, Postkartenblick auf die Tower Bridge. Johnsons Laune ist nicht gut, sondern bombastisch. Den Wahlkreis in Uxbridge gewann er mit großem Abstand, seine Churchill-Biografie wurde mit lobenden Rezensionen bedacht, dazu stand in der Zeitung, dass er eine Shakespeare-Biografie schreiben wird. Churchill, Shakespeare, Johnson. Kleiner geht es nicht.

Er will jetzt ganz oben mitspielen. Ein Clown, der ernst genommen werden möchte. Das Gespräch dreht sich um Churchill, England und den Krieg, den Churchill gegen Hitler führte, sowie Johnsons Erfahrungen in Brüssel und die britische Europamüdigkeit. Über allem aber spürt man seine Begeisterung über Churchill, die knurrige Bulldogge der Downing Street. Johnson ist, neben seiner Fähigkeit als Alleinunterhalter, auch ein begnadeter Lehrer.

Ähnlich wie sein Vater Stanley schreibt er wie ein Besessener, Thema egal. Hauptsache es bringt Geld und Aufmerksamkeit. Neben seiner Karriere in der Politik veröffentlichte er Bücher über das Römische Reich, London, Autos und seine Wahlkämpfe als Tory-Abgeordneter, sowie einen Roman über einen Terrorangriff auf Westminster mit dem Titel »72 Jungfrauen«. Für seine Kolumne im »Telegraph«, die er sonntagabends an die Redaktion schickte, bekam er angeblich ein Gehalt von über 250 000 Pfund im Jahr. Als er Außenminister wurde, beendete er die Kolumne.

Es bleibt unterhaltsam, seine Karriere zu beobachten. Johnson ist so berechenbar wie ein Teenagermädchen. Auf einem Kurztrip in seiner Funktion als Londoner Bürgermeister nach Kurdistan wollte er so dringend an die Front, dass ihn die Diplomaten des Foreign Office nur mit Mühe abhalten konnten, in den nächsten Armeetransporter zu springen. Es gibt ein Bild, auf dem er mit einer Kalaschnikow in der Hand auf dem Bauch liegend in die Ferne zielt. Als er sich bei einem Autohändler in Erbil, der kurdischen Hauptstadt, in einen Jaguar-Rennwagen setzte und aufs Gaspedal trat, konnte ihn sein Berater im letzten Moment überzeugen, nicht damit durchzubrennen. Die Rechnung der Hotelbar hatte er auch nicht bezahlt.

Der wahnwitzigste Teil seiner Karriere war aber jener Sommer 2016, als Johnson zum Gesicht der Brexit-Kampagne wurde. Ohne ihn hätte Großbritannien am 23. Juni wohl nicht für den Austritt gestimmt. Er war der große Sieger des Referendums, obwohl er damit sein Land in ein politisches und wirtschaftliches Chaos gestürzt hat.

Man würde Johnsons Ehrgeiz unterschätzen, wenn man glaubte, er würde sein Ziel, die Downing Street, aufgeben. Damals, im Sommer 2015, hatte er in seinem Büro gesagt: »Churchill war 65, als er Premierminister wurde.« Es klang wie eine Drohung.

Ufos gucken

Eine Fahrt durch Bonnybridge, dem
Zentrum der Außerirdischen

Am 27. August 1992 wurden die schottischen Handwerker Garry
Wood und Colin Wright von Aliens entführt. Bis dahin war es
für die beiden ein recht normaler Tag gewesen, Wood und Wright
befanden sich auf der A70, 15 Meilen südlich von Edinburgh, um
einen Reparaturauftrag auszuführen. Es war gegen 22 Uhr, der
Himmel sternenklar. Plötzlich tauchte ein schwarzes, diskusförmi-
ges Flugobjekt auf, etwa elf Meter im Durchmesser. Es schwebte
vor ihnen über dem Boden. Wright starrte durch die Windschutz-
scheibe. »Was zur Hölle ist das?«, rief er.

Die Aliens waren klein und hatten graue Haut. Sie näherten
sich dem Wagen und luden die Männer, die für kurze Zeit das
Bewusstsein verloren hatten, aus deren Auto. Das erzählte Garry
Wood später unter Hypnose. Er berichtete auch, dass die Wesen
ihn und Wright in einen unterirdischen Raum brachten, in dem
tiefgefrorene Menschen in Containern lagerten, Männer und
Frauen. Offenbar waren sie Futter für die Aliens. In Glasbehältern
mit einer grünen Flüssigkeit schwammen Außerirdische, wohl zur
Reinigung, wie Wood mutmaßte. Er sah auch einen Alien, den er
für den Chef der Bande hielt, ein vier- bis fünftausend Jahre altes
Wesen in einem blassen, marmorierten Körper. Nach zwei Stun-

den kamen die beiden Handwerker frei, sie wissen bis heute nicht, wie und warum.

Die Geschichte von Wood und Wright erzählt mir Andrew Hennessey, als wir in seinem Auto an der Stelle vorbeifahren, an der die Männer angeblich entführt wurden. Hennessey hat die beiden interviewt. Er ist Ufologe, Theosoph, Hobbywissenschaftler und Autor eines Buchs über Aliens in Schottland. Nebenbei bietet er Rundfahrten durch die Region an, bei denen paranormale Ereignisse im Mittelpunkt stehen. Wir befinden uns auf dem Weg nach Bonnybridge, einer Kleinstadt westlich von Edinburgh. Aus Bonnybridge werden die meisten Ufo-Sichtungen auf der gesamten Insel gemeldet. »Der Ort ist eine der weltweit größten Basisstationen für Aliens und zugleich eine Menschenfarm für Außerirdische«, sagt Hennessey. Er glaubt, dass die Aliens an den Schotten weniger ein astronomisches als ein gastronomisches Interesse besitzen. Das heißt natürlich auch, dass Andrew dieses ganze Alien-Zeug grundsätzlich glaubt. Seine Tätigkeit als Hobbywissenschaftler besteht vor allem darin, eigene Beobachtungen anzustellen und Sichtungen zu katalogisieren, anstatt die Prämisse, dass Außerirdische in Schottland ihr Unwesen treiben, von vornherein in Frage zu stellen.

Ich habe mich mit Andrew an einem Sonntag verabredet, nachdem ich in der »Times« über Bonnybridge gelesen habe. Natürlich werden auch anderswo auf der Welt Außerirdische und unbekannte Flugobjekte gesichtet, aber selten so häufig und so geballt wie in dieser Region. Anscheinend finden die Aliens Gefallen an Schottland. Nirgendwo wagen sie sich näher an die Bewohner unseres Planeten heran. Womöglich stoßen sie auch an keinem anderen Ort auf so entschlossene Gegner. Die Schotten tolerieren aggressive Fremde nicht, ob sie aus England stammen oder von einem fremden Planeten. Regelmäßig kommt es zu Handgreiflichkeiten, wenn man den Erzählungen glaubt. Andrew Hennessey etwa konnte seine eigene Entführung durch gezielte Gegenwehr ver-

hindern. Auch er war einige Zeit bewusstlos, wachte am Ende aber zum Glück nicht in einem unterirdischen Bunker zwischen eingefrorenen Menschen auf, sondern in seinem Bett. Und auch Garry Wood beschloss, sich nach seiner Entführung in das Versuchslabor bei einem zweiten Zusammentreffen mit den unfreundlichen Besuchern aus fernen Galaxien zu wehren. Als eines dieser grauen Wesen nachts in Woods Schlafzimmer eindrang, wo auch seine Frau im Bett lag, reichte es ihm. Er schlug dem Alien mit der Faust so heftig ins Gesicht, dass dieser an die Wand geschleudert wurde. Andrew Hennessey sagt: »Garry wird als der erste Schotte in die Geschichte eingehen, der einen Alien K.o. geschlagen hat.«

Hennessey ist 59 und sieht selbst aus, als wäre er nicht ganz von dieser Welt. Seine Haut scheint auf eine gräuliche Art transparent zu sein, seine Augen stehen hervor, sein Gang wirkt ungelenk, als wäre das Wesen, das in seinem Körper steckt, noch nicht vollständig mit der menschlichen Anatomie vertraut. Während ich aus dem Autofenster schaue, erzählt er von den Fotos und Videos, die Bekannte von ihm in der Gegend aufgenommen haben und auf denen Raumschiffe und Aliens zu sehen sind. Das Falkirk-Dreieck, in dem wir uns befinden, werde besonders häufig von Außerirdischen frequentiert, sagt Andrew. Oft sind es professionelle Alien-

Filmer, die zufällig graue Wesen auf Hausdächern entdecken oder Ufos beobachten, die über Stromleitungen schweben (zum Auftanken von Energie, wie Andrew mir mit ernster Miene versichert).

Hin und wieder werden aber auch normale Schotten zu Zeugen seltsamer Aktivitäten. Jene Frau in der Nähe von Bonnybridge zum Beispiel, die an einem Donnerstagabend beim Bügeln eine fliegende Untertasse beobachtete und praktischerweise sofort eine Videokamera zur Hand hatte. Leider dämmerte es bereits, sagt Andrew, und leider wackelte die Dame auch ein wenig beim Filmen. Aber wer will ihr das vorwerfen? Würde nicht jeder zittern beim Anblick eines Ufos in der Abenddämmerung?

Andrew ist voller Geschichten von mysteriösen, unerklärbaren Geschehnissen, die er auspackt, während die Gegend um uns herum grauer wird. Als hätte jemand die Farbe aus der Welt gesaugt. Wir fahren durch Dörfer, in denen dicke Mütter ihre dicken Kinder mit Softeis füttern. Die Straßen wirken dunkel und verlassen. Andrew erzählt vom sogenannten Bonetti-Video, dem Robert-Taylor-Vorfall, dem Ereignis von Falkirk sowie seiner Begegnung mit Muriel, einer Alien-Prinzessin, die er Ende der Neunzigerjahre zufällig in einem Pub traf. Überhaupt passieren erstaunlich viele Zufälle in seinem Leben. In mir keimt der Gedanke, dass die Außerirdischen für einen Teil der Schotten womöglich die Sehnsucht nach Größe und Bedeutung befriedigen. Wo sonst sollten die Wesen von fremden Planeten landen, wenn nicht in dieser magischen, einzigartigen Gegend Europas? Vermutlich speisen sich die Ufo-Sichtungen auch aus einer Prise Hoffnung. Irgendetwas muss da draußen sein, glauben Ufologen wie Andrew Hennessey, das spannender ist als die Realität und mit dem sich erklären lässt, weshalb dieser Teil der Insel so schlecht vom Fleck kommt. Es ist die Mutter aller Verschwörungstheorien. Andrew glaubt, dass die Menschheit, insbesondere der schottische Teil, durch die genetischen und sozialen Manipulationen der Aliens gezielt dumm gehalten wird, wie

willenlose Sklaven. Das Angenehme in dieser Hypothese ist, dass die Menschen für den Schwachsinn auf der Erde nicht selbst verantwortlich sind, sondern eine fremde Besatzungsmacht. Die Schotten sind demnach die Opfer einer kosmischen Kolonialisierung.

Wir passieren das Ortsschild von Bonnybridge, ohne auch nur den Schatten eines Außerirdischen gesehen zu haben. Andrew parkt das Auto in einer Wohngegend, weil ich auf einen Hügel steigen will, um eine bessere Sicht auf den Ort zu bekommen. Vielleicht sieht man die Ufos von oben besser. Wir klettern über einen Stacheldrahtzaun und steigen über eine Wiese auf die Kuppe des Hügels. Die Sonne scheint, über Bonnybridge spannt sich ein hellblauer Himmel. Perfektes Ufo-Wetter. Wir sehen aber nur dunkle Hausdächer und eine Gruppe Jugendlicher unten am Kanal. Ich frage Andrew, warum dieser schöne Aussichtshügel wohl mit einem Zaun abgesperrt ist. Er antwortet mit seinem Akte-X-Blick und den Worten: »Mich wundert das überhaupt nicht.« Dann sehe ich den Grund für den Zaun: vier friedliche, braun-weiß-gefleckte Aliens mit Hörnern, die in einiger Entfernung auf der Wiese grasen. Wenn man es nicht besser wüsste, könnte man sie für Kühe halten.

Andrew macht mit seiner Kamera einige Bilder von Hausdächern. Er wirkt versunken und zufrieden. Für Ufologen ist schon die Jagd selbst ein Rausch, auch wenn sie letztlich keinen Alien filmen. Etliche der Wesen, die er auf seinen Fotos festhält, entdeckt er erst zu Hause am Bildschirm. Meistens sind die Besucher aus einiger Entfernung aufgenommen, so dass die vergrößerten Bildausschnitte trotz der Qualität der Aufnahmen grobkörnig und verwaschen wirken. Aber aus Andrews Sicht ist schon das Unerklärliche der Beweis für die Existenz einer fremden Spezies, die auf schottischen Dächern herumspaziert.

Womöglich sind die Aliens auch ein besserer Ersatz für die Engländer, die sonst in Schottland für alles Übel verantwortlich gemacht werden. Ein Schotte ist kein echter Schotte, wenn er nicht eine gesunde Abneigung gegen den Süden der Insel in sich trägt, die je nach Alkoholpegel von stiller Verachtung in lauten Ärger überschwappen kann. Die Projektion des Ungemachs auf Aliens lässt die Verachtung für die Engländer zwar nicht verschwinden, aber zumindest sorgen die Aliens dafür, dass die Engländer zwischendurch aus dem Blickfeld geraten. So gesehen wären die Außerirdischen für die englisch-schottischen Beziehungen sogar hilfreich.

Andrew Hennessey sagt, er sei zum Pessimisten geworden, was die Motive der Aliens angehe. Er halte sie inzwischen für böse bis dämonisch. Man könnte ihn und seine Ufogeschichten belächeln, aber bei aller Verschwörerei ist er wenigstens geschäftstüchtig. Für seine Tour will er 90 Pfund Benzingeld, und da sind 50 Prozent Rabatt schon eingerechnet. Ich finde das völlig gerechtfertigt. Denn man weiß, dass man den richtigen Mann erwischt hat, wenn er am Ende sagt: »Übrigens habe ich auch ein Foto von Nessie, dem Monster von Loch Ness.«

Fucking Francis

Besuch beim verarmten Landadel
in Devon

Francis Fulford zählt zu jenen Menschen, die fremde Leute über-
schwänglich zu sich einladen, dann aber perplex sind, wenn die
Gäste tatsächlich an die Tür klopfen. Fulford steht in Gummistiefeln, Tweed-Jackett und Krawatte in einer Pfütze vor seinem Anwesen. Sein Blick sagt: Wer ist dieser Mann in diesem furchtbaren
Kleinwagen, und was will er hier? Ich erkläre durch das offene Bei-
fahrerfenster, er habe mir vor einigen Tagen per E-Mail mitgeteilt,
dass ich willkommen sei. Der Reporter aus Deutschland, erinnert
er sich? »Aus Deutschland? Aha, ja. Ok.« Fulford wirkt immer noch
ratlos, zeigt aber trotzdem auf das Holztor und sagt, ich solle in
den Hof fahren. Dann murmelt er, mehr zu sich selbst, aber deutlich vernehmbar: »Fucking Germans.«

Man muss Fulfords Derbheiten nicht persönlich nehmen.
Sein Lieblingswort ist fuck. Je nach Kontext bedeutet es so viel
wie verdammter Mist, genial, irre, krank oder Wahnsinn. Meistens benutzt er es auch nur, um einem Satz oder einem Gedanken
Würze zu geben, denn wenig verachtet Francis Fulford mehr als
Schalheit, Dumpfheit und Langeweile – einige der vielen Zumutungen der modernen Welt, mit denen er sich täglich herumär-
gern muss. Fulfords Leben ist ein Ein-Mann-Bürgerkrieg gegen

die politische Korrektheit, die das Land seiner Ansicht nach im Würgegriff hat.

Er drückt die Eingangstür zum Haus auf, scheucht fluchend die beiden Hunde in den Flur zurück und tritt in die Küche, wo seine Frau Kishanda mit einer Zigarette im Mundwinkel einige Möhrenkuchen von Tesco aus ihren Plastikpackungen reißt. Sie schaut erst zu Francis, dann auf die Uhr. Es ist kurz vor elf. In ein paar Minuten beginnt die Fuchsjagd, und ihr Mann hat in seiner weltumspannenden Weitsicht noch nicht einmal die Wein- und Whiskyflaschen nach draußen geschafft, um die Jäger zu bewirten. Ach, Francis. Er solle endlich den Klapptisch auf der Wiese vor dem Tor aufbauen, befiehlt Kishanda.

Ein Besuch bei den Fulfords in Devon, Südengland, ist eine Reise auf die prekäre, also unterhaltsame Seite der Oberschicht. Die Familie zählt zur gentry, zum Landadel, nicht zur Aristokratie also, sondern zur Spezies der Grundbesitzer, die bis ins 19. Jahrhundert hinein über die ländlichen Teile der Insel herrschten, über ausge-

dehnte Besitztümer verfügten und ihre Einnahmen vorwiegend aus der Landwirtschaft bezogen. Evelyn Waugh feiert die Romantik und den Niedergang des Herrenhauses in seinem mehrfach verfilmten Roman »Wiedersehen mit Brideshead«, und natürlich spielt der Landsitz heute noch immer eine Rolle in der Erfindung der jüngeren britischen Vergangenheit – als glanzvolle und zugleich heimelige Welt, in der sich alle Schichten mit den ihnen zugewiesenen Plätzen abfanden. Zuletzt wurde das Dienstmädchengewusel bei der Fernsehserie »Downton Abbey« mit weltweitem Erfolg in Szene gesetzt, noch ein Beweis dafür, wie geschickt die Briten in der nachträglichen Glorifizierung der Klassengesellschaft sind.

Inzwischen ist der Landadel in vielen Teilen der Insel verarmt, weil Ackerbau und Viehzucht nicht mehr genug Erträge bringen, um den Betrieb der herrschaftlichen Anwesen zu finanzieren. Und für Dienstmädchen haben die meisten auch kein Geld mehr. Seit dem Ersten Weltkrieg wurden Hunderte dieser *country houses* abgerissen, vor allem deshalb, weil sich deren Besitzer den Unterhalt nicht mehr leisten konnten. Der Reiseführer »Hudson's Historic House & Gardens« verzeichnet noch knapp 1000 historische Anwesen, darunter Great Fulford. Nicht wenige stehen als feuchte, baufällige Symbole für den Niedergang der althergebrachten ländlichen Ordnung.

Die Fulfords bekamen ihre Besitztümer vor 800 Jahren von Richard Löwenherz geschenkt, 1200 Hektar Farmland zum Dank für die Unterstützung bei den englischen Kreuzzügen. Der kastenförmige Herrensitz Great Fulford mit seinen 50 Zimmern, in dem Francis und seine Familie bis heute leben, wurde um 1500 herum errichtet. In den folgenden Jahrhunderten wechselten sich fette und dürre Jahre ab. Im Moment herrscht eher eine Dürreperiode. Francis ist wie viele Herrenhausbesitzer notorisch klamm. Nicht zu reden von der elendigen Demokratie. Die schlechten Zeiten lassen sich unschwer am Zustand des Hauses ablesen: In etlichen Räumen und Treppenhäusern schälen sich die Tapeten von den Wänden, Putz bröckelt, Holzverkleidungen fehlen. Das Gemäuer saugt Feuchtigkeit auf, weil Francis das Geld für die Heizung sparen will. Die Küche ist der einzige Raum, in dem eine angenehme Temperatur herrscht, im Rest des Hauses bewegt man sich im Winter besser mit einem dicken Mantel und einem Taschenofen. Francis Fulford lässt sich trotzdem nicht die Stimmung verderben und schaut mit einem muffigen bis amüsierten Blick auf die Welt. Es ist ein 800-Jahre-Blick.

Halb England kennt ihn, zumindest der fernsehschauende Teil der Insel. Vor elf Jahren kam Channel 4 auf die glorreiche Idee, den Alltag des Landadels zu porträtieren und die Fulfords als Vorzeigefamilie für Verfall und Wahnsinn dieser Spezies auszuwählen. Seitdem ist Francis eine kleine Berühmtheit. Er ist der knurrige Provinzfürst, der fluchende Patriarch einer derangierten, sechsköpfigen Familie. Fucking Francis. Die Reality-Serie, die daraus entstand, hieß konsequenterweise »The F***ing Fulfords«. 2014 lief auf BBC 2 eine zweite Staffel mit dem Titel »Life is toff« - ein Wortspiel mit den englischen Wörtern für Schnösel, *toff*, und hart, *tough*.

Die dramatis personae von »Life is toff«:

Francis, der Patriarch: 28. Verwalter von Great Fulford, erbte den Besitz von seinem Vater, einem Soldaten, im Alter von 16 Jahren. Typisches Zitat: »Wir hatten unseren Höhepunkt in den 1530er Jahren. Seitdem geht es langsam, aber konstant bergab.«

Arthur, der Erstgeborene: Fast niedlich in seiner schnöseligen, nasalen Arroganz. Wird Great Fulford eines Tages übernehmen und dort mit seiner Frau und seinen Kindern leben. Einziges Problem: Hat derzeit weder Frau noch Kinder. Bekam eine teure Privatschule bezahlt, auch deshalb lasten auf ihm die großen Hoffnungen der Familie. Zitat: »Wer mich dafür verurteilt, dass ich dieses Haus erben werde und mich insgesamt in einer ziemlich angenehmen Position befinde, der kann sich verdammt noch mal verpissen.«

Matilda, genannt Tilly, Arthurs Zwillingsschwester: Fühlt sich chronisch unterschätzt und zudem gepiesackt von ihrem gleichalten Bruder. Findet, dass Arthur sich zu viel auf seinen Status als Nachwuchspatriarch einbildet. Hat Kunstgeschichte studiert, lebt jetzt in Barcelona in der Wohnung ihrer Mutter und malt abstrakte Bilder.

Humphrey, der mittlere Bruder: Der Pragmatiker. Wusste früh, dass er beim Militär Karriere machen will. Hat er auch gemacht. Harte Schale, weicher Kern, etc. Typisches Zitat: »Dad, dürfen wir in dieser Jahreszeit Enten schießen? Nein? Und Möwen?«

Edmund, der Jüngste: Nicht das hellste Licht am Firmament der Fulfords. Ging nach der Schule ein Jahr auf Rucksacktour durch Lateinamerika und zog anschließend nach London, um in einer Filmproduktionsfirma zu arbeiten. Saß dort nach eigener Aussage aber nur vor dem Bildschirm, was ihn zu Tode langweilte. Sucht jetzt einen besseren Job. Arthur, der Älteste, sagt über Edmund: »Akademisch gesehen ist er ziemlich debil. Er hat Probleme, seinen eigenen Namen zu buchstabieren.«

Kishanda, die Mutter: Schlossherrin, Kettenraucherin, Seelsorgerin, Köchin, das warme Herz im kühlen Haus. Unglücklich, dass die Kinder alle fort sind. Hat sich kürzlich einen Mops namens Daisy zugelegt, den sie »Baby« nennt. Wollte in der zweiten Staffel der Reality-Serie als Einzige in der Familie nicht mitspielen, weil sie sich laut Francis »Sorgen darum macht, wie sie im Fernsehen rüberkommt«.

Die mediale Aufmerksamkeit nach der Ausstrahlung der Serie inspirierte Francis unter anderem zu einem Buch über sich, England und seine Sicht auf das Universum. Seine unterschwellige Hoffnung war, einen Bestseller zu landen und die Einnahmen in Great Fulford zu investieren. Das Werk trägt den Titel »Bearing up«, übersetzt: »Wie man durchhält«. Man müsse nicht reich sein, schreibt er darin, um ein großes Haus zu bewohnen. Es genüge, die Zentralheizung abzudrehen, das Dach abzudichten, und die Gattin vom Shopping abzuhalten. Die Fulford-Philosophie. Nebenbei empfiehlt er die Abspaltung Schottlands, weil die Schotten dem Rest der Insel nur auf der Tasche liegen würden. Weil es Probleme mit dem Buchverlag gab, hat Francis einige Hundert Exemplare im Haus herumliegen, von denen er jedem, der seine Küche betritt, gerne eines für zehn Pfund überlässt.

Kishanda öffnet den Backofen und zieht eine Schüssel mit heißen Honig-Senf-Würstchen heraus. Sie drückt sie mir mit den Worten in die Hand: »Männer auf Pferden zuerst.« Ich stolpere mit der heißen Schüssel über den Hof, zu schätzungsweise 30 Bauern, Knechten, Frauen und Kindern, die vor dem Tor von

Great Fulford in grünen Fleecepullovern und Regenmänteln warten, dazu einem Rudel Spürhunde sowie zwölf Pferden mit ihren Reitern. Ich sehe Edmund, den Jüngsten, der mit Schnapsgläsern voller Whisky, Portwein und Rotwein über die nasse Wiese stapft. Peitschen knallen, Hunde winseln, und ich frage mich, wie nahe ich einem dieser Viecher kommen kann, bis es die Würstchen riecht, seinen Freunden Bescheid gibt und das Rudel mich niederrennt.

Ich reiche die Schüssel zu einem Fuchsjäger hinauf, der sich mit einem Gesichtsausdruck heiliger Gleichgültigkeit herabbeugt, mit seiner behandschuhten Hand drei Würstchen vom Teller angelt und sich dank- und kommentarlos wieder den wirklich wichtigen Dingen des Lebens zuwendet. Hunde verfluchen, Hunde zusammenbrüllen, Hunde auspeitschen.

Man weiß nicht, was Klassenunterschied bedeutet, wenn man noch nie einem Mitglied der englischen Oberschicht warme Häppchen aufs Pferd gereicht hat. Ich komme mir wie ein Diener im

16. Jahrhundert vor. Es ist ein fremdes, erniedrigendes Gefühl, aber nach einer Weile lerne ich, mich mit der neuen Rolle zu arrangieren. Dämlich lächelnd reiche ich den Herrschaften die Wurstschüssel hin, selbst einem jungen Mädchen auf einem Pony, das mir bis zum Kinn reicht. Nach ein paar Minuten bin ich für die Jagdgesellschaft nur ein weiteres Gesicht im Bauern- und Knechtgewimmel, des Gesindels im Matsch, reduziert auf seine Funktion. Ich darf dienen, sonst wird nichts von mir erwartet. Sollte jetzt zufällig die Königin vorbeigeritten kommen, wäre ich bereit, mich in den Schlamm zu werfen, damit sie mein unwürdiges Untertanengesicht nicht sehen muss. Als das Jagdhorn ertönt und die Hunde loslaufen, will ich den Jägern zurufen: Waidmannsheil, my Lords, mögen eure Hunde möglichst viele Füchse zu Tode hetzen! Da sind die Pferde aber schon weg.

Man muss wissen, dass die Fuchsjagd in Großbritannien seit 2005 verboten ist. Tony Blair machte sich mit dieser Entscheidung damals in der englischen Provinz noch mehr Feinde, als er ohnehin schon hatte. Erlaubt blieb allerdings, künstliche Fährten zu legen und die Hunde auf Phantomjagd zu schicken. Als ich einige Bauern frage, ob das den Hunden Spaß macht, lächeln sie nur und schweigen. Ihre Blicke sagen: Junge, du bist echt naiv. Später sehe ich im Internet, dass Tierschützer immer wieder illegale Jagden filmen, bei denen auch heute noch Füchse zu Tode gehetzt werden. Manchmal landen die Organisatoren vor Gericht.

Francis wirkt zufrieden mit dem Vormittag, als wir in seiner Küche sitzen. Er genießt die Rolle des Gastgebers, der seine Hände nicht bei der Jagd dreckig machen muss. »Ich frage mich, was es zum Mittagessen gibt, Kishanda.«

»Spaghetti vongole«, ruft es vom Herd.

»Du weißt, wie sehr ich das hasse?«

»Nein, tust du nicht.«

Murrend sticht Francis mit der Gabel in den Nudelberg auf seinem Teller und erzählt ohne Überleitung, wie es dazu kommen konnte, dass Großbritannien derart steil und brutal den Bach runterging in den vergangenen Jahrzehnten. Er kann sogar das Jahr benennen, in dem der Abstieg begann: 1928. Damals führte das Land das allgemeine Wahlrecht ein, auch für Frauen, was dazu führte, dass Aristokraten und andere Landbesitzer noch weniger Spielraum hatten, ihre aus Francis' Perspektive berechtigten Ansprüche im Parlament geltend zu machen. »Politische Macht im 18. und 19. Jahrhundert lag bei jenen Männern, die einen Stellvertreter nach Westminster schicken konnten«, sagt er. »Das waren Leute, denen Autorität und Respekt zufloss.«

Kishanda gibt mit einer kreisenden Zeigefingerbewegung an der Schläfe zu verstehen, dass ich Francis nicht allzu ernst nehmen solle. Er meint es aber ernst. »Demokratie ist ein Experiment, das viele Leute arm gemacht hat oder in der Armut hat verharren lassen«, sagt er. »Indien zum Beispiel ist eine Tragödie, nicht?« Und wo er gerade dabei ist – Tony Blair ist ein *fucking idiot* (wegen des Verbots der Fuchsjagd) und David Cameron ein Arschloch (aus grundsätzlichen Erwägungen). Es ist fast überflüssig zu erwähnen, dass Francis beim EU-Referendum natürlich für den Brexit war.

Nach dem Essen steigt er wieder in die Gummistiefel und nimmt Daisy, den Mops, und Bertie, den Labrador, mit nach draußen. Devon ist Gummistiefelland. Nirgendwo sonst sieht man Menschen, die mit so viel Inbrust ihre Stiefel tragen wie hier – beim Einkaufen, Tanken, abends im Pub. Vermutlich steigen einige mit ihren Gummistiefeln ins Bett. Ich bekomme Arthurs Stiefel, die mir fast passen. Während wir mit schmatzenden Schritten über nasse Weiden gehen und Francis den hinter uns her trottenden Mops mit Flüchen überzieht, bemühe ich mich, den Hausherrn zu verstehen. Francis' Ahnen waren treue Royalisten, deren Loyalität zum König ihnen zu Reichtum und Ansehen verhalf. Es muss schwer sein, Privilegien einzubüßen und genau zu wissen, dass man sie nie zurückerhalten wird; jedenfalls nicht, solange in Großbritannien die Demokratie herrscht. Womöglich leidet Francis unter dem Phantomschmerz eines politisch entmachteten Großgrundbesitzers. »Im 16. Jahrhundert besaßen wir Ländereien von Somerset bis South Devon hinunter und Cornwall im Westen«, sagt er. »Great Fulford wuchs und prosperierte, großartige Zeiten waren das. Heute bleiben uns ein paar Quadratkilometer Wiesen und Wälder und natürlich das Haus. Komm hierher, Daisy, du kleines Scheißding.«

Inzwischen scheint Francis froh zu sein, zum Königshaus einen gesunden Abstand zu halten. Prinz Charles habe die Fulfords bei einem Dinner vor ein paar Jahren einmal »entsetzliche Leute« genannt – ghastly people. Offenbar kannte er die Familie aus dem Fernsehen. Francis verstand Charles' Worte als Auszeichnung. Er hat längst begriffen, dass ihm die britische Monarchie die Macht nicht zurückbringen wird, auch wenn seine Sippe sich bei den Windsors noch so sehr einschmeicheln würde, was sie niemals tun wird. Wie es aussieht, schweben die Fulfords loyalitätsmäßig im luftleeren Raum, irgendwo zwischen Monarchie und Parlamentarismus. Das gibt Francis die Freiheit, die Dinge so zu benennen, wie er sie sieht, auch wenn das Prinz Charles und anderen Leuten missfallen mag. Die Demokratie hat ihm innere Freiheit verschafft, obwohl die Unabhängigkeit seiner Familie in den vergangenen Jahrhunderten viel Macht und Einfluss kostete.

Der Unterhalt von Great Fulford kostet 25 000 Pfund im Jahr, für Strom, Gas, Wasser, Heizung, Essen, Telefon, Hundefutter undsoweiter. Plus Reparaturen und die allgemeine Instandhaltung des Anwesens, die im Schnitt weitere 30 000 Pfund verschlingen. Auf seinen Ländereien stehen zehn Bauernhöfe, die Pachtabgaben zahlen, daraus bestreitet Fulford einen Teil seiner Ausgaben. Als er mich später durch die Räume des Hauses führt, stoßen wir auf die Techniker einer Theatergruppe, die im Erdgeschoss Frankenstein inszenieren will. Zudem stellt er die acht Dachgeschosszimmer im dritten Stock größeren Jagdgesellschaften zur Verfügung, für 2000 Pfund pro Nacht. Die Räume sind hübsch renoviert, mit Badewannen in jedem Zimmer. »Fucking great, oder?«

Lebensweisheiten von Francis Fulford:

»Gib dein Ölportrait in Auftrag, wenn du jung bist. Und achte darauf, dass du dich im Stehen malen lässt.«

»Verkaufe keinen Besitz, dann weiß nämlich jeder in der Umgebung, dass du es richtig nötig hast und Geld brauchst. Du verlierst Prestige, wenn du Land abstößt.«

»Rudyard Kipling – einer der ganz großen Dichter des Empire. Leider sehr aus der Mode in dieser modernen, ach so korrekten Welt, in der jeder zum *fucking* Opfer werden will.«

»Frauen sind ziemliche Versager als bildende Künstler. Keine Frau würde jemals auf die Idee kommen, ein Gemälde zu malen, das sich schlecht verkauft. Die weibliche Psyche ist äußerst risikoscheu. Wäre van Gogh weiblich gewesen, hätte sie gesagt: ›Ich werde nur malen, was Geld bringt.‹«

»Geh zu den Partys, auf die du am wenigsten Lust hast. Dort passieren die interessantesten Dinge.«

»Bestelle zu einem Geschäftsessen immer Alkohol, am besten eine gute Flasche Rotwein. Ich habe ein paar Jahre bei Lloyd's in der Londoner City gearbeitet, ich weiß, wovon ich rede. Ein *business lunch* ohne Alkohol ist komplette Zeitverschwendung, wenn man mich fragt.«

Callgirl

Meine Fernbeziehung mit Denise von Sky

Es fing damit an, dass zu Hause das Internet ausfiel. Kommt vor, dachte ich, gehört zum 21. Jahrhundert wie das Funkloch und der leere Laptop-Akku. Ich wählte die Nummer der Internetfirma. So kam es, dass ich Denise kennenlernte.

Grob gesprochen gibt es für jemanden, der auf der Insel Kunde einer Bank, eines Telefonunternehmens, eines Strom-, Wasser- oder Gaslieferanten wird, drei Typen von Callcenter-Mitarbeitern: den nuschelnden Iren, die ratlose Engländerin und den überforderten Inder. Allen ist das Talent gemeinsam, Menschen wie mich effizient abzuwimmeln, wenn wir nicht schon in der Warteschleife freiwillig den Hörer aufgelegt haben.

Denise war anders. Sie sagte langsam und freundlich, dass sie meine »Fallmanagerin« sei. Es klang wie »Psychotherapeutin«. Sie sprach mit einem weichen schottischen Akzent, buttrig wie ein Single Malt aus den Highlands, und dehnte ihre Worte wie einen Kaugummi. Ich schätzte sie aufgrund ihrer Stimme auf Anfang 50. Später erzählte sie, dass sie kürzlich Großmutter geworden sei, und ich stellte mir vor, dass sie fleischige, aber gepflegte Hände hatte, wie fast alle älteren britischen Frauen. Vermutlich stand neben ihrem Bildschirm ein Tübchen Neutrogena-Handcreme, wegen der trockenen Luft in schottischen Büros.

Ich kann es nicht anders sagen, aber anfangs hasste ich Denise, trotz ihrer Bemühungen in meinem »Fall«. Sie vertröstete mich, sie behandelte mich wie ein Kind und benutzte immer dieselben Formulierungen aus dem Handbuch »Billig simuliertes Einfühlungsvermögen«, das wahrscheinlich in jedem Callcenter von Mumbai bis Dublin herumliegt: »Ich verstehe, dass Sie frustriert sind / Mir würde das auch zu lange dauern / Sie hören von mir / Wirklich, gleich morgen früh.«

Es klang, als säße am anderen Ende der Leitung ein Roboter mit der Stimmsoftware einer älteren Dame. Ich war zur Geisel einer Konzernbürokratie geworden, die das Königreich längst im Würgegriff hat. Die Privatisierungswelle der achtziger und Neunzigerjahre und das Entstehen von Großkonzernen führte unter anderem dazu, dass den durchschnittlichen Angestellten mit dem Unternehmen, das er repräsentiert, kaum mehr verbindet als ökonomische Notwendigkeit. Callcenter in Indien, endlose Warteschleifen und die Mode, sämtliche Kundenbeziehungen an Subunternehmen auszulagern, geben dem britischen Kapitalismus ein besonders herzloses, kaltes Antlitz. Dazu kommt, dass an vielen Orten die öffentliche Kommunikation von Computerstimmen geprägt ist – bei Durchsagen auf Bahnhöfen, Flughäfen und in der U-Bahn, bei den Kassenautomaten von Supermärkten, Drogerien und Zeitungskiosken. Die Roboter sind überall. Als Bürger in England hat man zuweilen das Gefühl, einer durchgeknallten, konsumistischen Megabürokratie ausgeliefert zu sein, wie die Hauptfigur im Film »Brazil« von Terry Gilliam. Unter diesen Voraussetzungen an die Ehre und Vernunft eines Mitarbeiters zu appellieren ist absurd und sinnlos. Wenn das Ziel von Telefonanbietern, Banken, Verkehrsunternehmen und anderen in der Dienstleistung tätigen Firmen die völlige Entfremdung von den Menschen ist, denen sie Produkte verkaufen, haben sie in Großbritannien erstaunliche Arbeit geleistet.

Denise rief regelmäßig an, aber nach zwei Wochen funktionierte das Internet immer noch nicht. Sie sagte, es handle sich um eine »fälschliche Übernahme« meiner Telefonleitung. Denise hielt es für wahrscheinlich, dass ein neuer Nachbar beim Freischalten seines Anschlusses versehentlich meine Telefonnummer sperren ließ. Das ist in England möglich. Ich gewöhnte mir an, fünf Minuten an die frische Luft zu gehen, nachdem wir telefoniert hatten. Alle Versuche, die Sache mit ihrem Chef zu lösen, scheiterten. Denise wurde Teil meines Alltags und arbeitete sich langsam, aber stetig an die Spitze meiner etwas zu langen inneren Liste unbewältigter Wut- und Problemsituationen vor. Ich begann zu meditieren, nicht nur, aber auch wegen ihr, was allerdings nichts daran änderte, dass zwischen mir und der digitalen Welt eine Oma aus Schottland stand.

Bislang dachte ich, ohne Probleme einige Wochen lang auf das Internet verzichten zu können. Aber ich wollte mit meiner Freundin skypen, auf dem iPad den »New Yorker« lesen und mich sonntags hin und wieder über den »Tatort« im Livestream ärgern, ohne dafür ins Büro fahren zu müssen. Stattdessen führte ich Telefonate mit Denise, in denen sie auf zärtliche Weise IT-Floskeln brabbelte, die sie vermutlich selbst nicht verstand, und mir zu erklären versuchte, weshalb sich die Reparatur meines Anschlusses weiter verzögerte. Mal waren es die Ingenieure eines Subunternehmens, die nicht verfügbar waren, mal lag es an mir, weil ich ihr angeblich eine falsche Adresse diktiert hatte. Meistens lag es am »System«. Ich wartete nur darauf, dass sie sich auf George Orwell berief. Gelegentlich wachte ich morgens auf und mein erster Gedanke war: Denise. Ich stand kurz davor, verrückt zu werden. Ich wählte die Nummer des Callcenters.

»Wir beide schaffen das zusammen, okay?«, flötete Denise im Tonfall einer Krankenschwester, die den Stations-Irren beruhigen muss. Dann sagte sie, ein schwarzes Loch habe meine Daten geschluckt. Ich erfinde das nicht, sie sagte tatsächlich »black hole«. Nachdem ich ihr noch mal meine Adresse, Postleitzahl, Telefon-

und Kundennummer diktiert hatte, sagte sie, sie melde sich in ein paar Tagen wieder.

Wut entsteht aus dem Gefühl, jemandem ausgeliefert zu sein, der mächtiger ist als man selbst. Ich fühlte mich wie David ohne Steinschleuder, schutzlos der Herrschaft des Niemand ausgeliefert, wie Hannah Arendt bürokratische Systeme nennt. Nach drei Wochen sagte ich mir, dass es so nicht weitergehen konnte, und beschloss, die Telefonate mit der Neutrogena-Omi als Teil eines absurden Theaterstücks zu sehen, in dem ich zugleich Darsteller und der einzige Zuschauer war.

Ich versuchte, Verständnis aufzubringen. Das Callcenter, in dem Denise arbeitet, wird vom Sky-Konzern betrieben und liegt in einer kleinen Stadt westlich von Edinburgh. Ich habe mir den Ort auf Google Maps angesehen. Inzwischen ist mir klar, wie manche Leute zu Stalkern werden. Ich habe sogar versucht, im Internet das Bürogebäude zu finden, in dem Denise sitzt. Sie hatte mir erzählt, dass pro Schicht zwölf Männer und Frauen in ihrem Team arbeiten, sie übernahm meistens die Spätschicht von 15 bis 23 Uhr. Fünf Tage die Woche muss sie Beschimpfungen auf sich niederregnen lassen, acht Stunden lang, selbst am Karfreitag und Ostermontag, und das nur, weil bei irgendwem das Internet nicht funktioniert. Meistens rief sie abends nach acht an, vielleicht weil sie spürte, dass ich einer dieser anstrengenden, ungeduldigen und tendenziell überreizten Typen war, für die man Ruhe braucht.

Ich glaube, ein großer Teil unserer Wut auf die Mitarbeiter von Telefonfirmen, Banken und Behörden entspringt der Sucht nach der unmittelbaren Erfüllung von Bedürfnissen, nach *instant gratification*. Wir werden gieriger. Das digitale Jahrhundert hat den ungeduldigen Konsumenten hervorgebracht, den Wut-Verbraucher. Aus ähnlichen Gründen steigt seit Jahren auf britischen Straßen die Zahl der Tobsuchtsanfälle zwischen Auto-, Motorrad- und Fahrradfahrern. Der zornige Verbraucher und der wütende

Verkehrsteilnehmer regen sich ständig darüber auf, dass irgendwas nicht klappt oder nicht so schnell, wie sie es gern hätten. Denise war in Wahrheit nicht die Täterin, sondern ein Opfer. Sie fing an, mir leidzutun.

Je netter ich wurde, umso milder war ihre Stimme. Montags fragte sie mich zur Begrüßung, was ich am Wochenende unternommen hätte. Wir sprachen über den beginnenden Frühling, das unbeständige Wetter, ich berichtete, dass meine Freundin und ich ein Kind erwarteten und mein Vater von seinem Hund gebissen worden war. Manchmal setzte ich mich, anstatt im Pub um die Ecke ein oder zwei Pints zu trinken, mit einem Glas Wein aufs Sofa und plauderte mit Denise.

Nach fünf Wochen freute ich mich, wenn ihre Nummer auf dem Mobiltelefon erschien. Das Internet war unwichtiger. Vielleicht litt ich unter einer Variante des Stockholm-Syndroms, als Geisel einer schottischen Oma. Freunden gegenüber sprach ich von Denise wie von einer neuen Bekanntschaft. Am Ende ist selbst in der kältesten Brutalität einer Konzernherrschaft noch Platz für eine menschliche Beziehung, und der Grund dafür hieß Denise. In keinem anderen Land der Welt wäre diese Frau so geduldig mit mir geblieben, nirgendwo sonst findet man Menschen, die unter Druck derart gelassen bleiben. Denise war der Beweis dafür, dass es nur eine geduldige, nette Schottin braucht, um den Terror der kapitalistischen Bürokratie zu besiegen. Mit derselben Unerschütterlichkeit hätte sie 1916 ein Feldlazarett führen können. Es ist eine sehr britische Eigenschaft, auch unter widrigsten Umständen Haltung zu bewahren und nach pragmatischen Lösungen zu suchen. Ich vermute, das liegt am rauen Wetter, an der generellen Unverwüstlichkeit dieses Volkes und an dem von klein auf anerzogenen Bewusstsein, dass Höflichkeit die Mutter aller zivilisatorischen Tugenden ist. Das Motto »Never complain, never explain« (»Beschwer dich nicht, rechtfertige dich nicht«), tragen

Generationen britischer Aristokraten vor sich her, und mit der Zeit sickerte diese Einstellung auch nach unten in die niederen Schichten. In der siebten Woche ohne Netz eröffnete mir Denise, dass bald der Elektriker kommen würde.

Unser letztes Telefonat fand an einem Freitagabend gegen zehn statt. Die Stimmung war melancholisch, jedenfalls an meinem Ende des Anschlusses. Immerhin kannte ich sie seit fast drei Monaten. Denise sagte, ich könne sie jederzeit anrufen. Ihre Nummer hätte ich ja.

Der Rocky aus Essex

Im Ring mit dem schlechtesten Boxer
Englands

Die Geschichte von Robin Deakin ist eine dieser Antiheldensagen, die nur in England entstehen können, dem Paradies der fröhlichen Hasardeure, und die dann zum Beispiel im »Daily Mirror« unter dieser Überschrift landen: »Großbritanniens schlechtester Boxer Robin ›Rockin‹ Deakin gewinnt nach 50 Niederlagen und twittert: ›Verfi**t noch mal, ich bin zurück!‹«

Aber der Reihe nach. Ich treffe Robin zum ersten Mal an einem Samstagnachmittag im Westfield Shopping Centre im Londoner East End. Es ist Ende Oktober, wir hatten verabredet, über seine Karriere im Boxring zu sprechen. Wenn man den Zeitungen glaubt, die über ihn mit zwei Dritteln Belustigung und einem Drittel Bewunderung berichten, ist Robin der schlechteste Boxer auf der gesamten Insel. Trotzdem, beziehungsweise deshalb, hat er ausgezeichnete Laune. »Ich gebe nie auf«, sagt er zur Begrüßung. Gut. Aber warum eigentlich nicht?

In seiner zehnjährigen Profi-Karriere gewann er von 53 Kämpfen exakt zwei, den ersten im Jahr 2006, den zweiten 2015. In den neun Jahren dazwischen verlor er entweder nach Punkten oder wegen technischem K.o. »Es war die längste Pechsträhne in der Geschichte des Profiboxens«, sagt er stolz. Als wäre das eine Errungenschaft. Wenn Robin in den Ring steigt, hagelt es Schläge. Kein Wunder, dass die Zeitungen regelmäßig über ihn berichten, über dieses Prachtexemplar des glücklichen Losers, jenes britischen Archetyps, der fehlendes Talent mit stählernem Willen und guter Laune kompensiert. Wie Eddie »der Adler« Edwards, der kurzsichtige Stuckateur aus Cheltenham, der 1988 als Skispringer die Olympischen Spiele in Calgary aufmischte, und unzählige andere skurrile Nationalhelden. Niemand würde Robin übelnehmen, wenn er aufgeben würde. Tut er aber nicht.

Zum Interview hat er seinen Kumpel Mark mitgebracht, der nicht viel von sich erzählt, außer dass er in der Verpackungsbranche arbeitet und mit Robin hin und wieder trainiert. Mark sagt, im Boxsport drehe sich nicht alles um Kraft, Ausdauer und Technik. »Es geht darum, Tickets zu verkaufen.« Das ist praktisch für Robin, weil er weder über herausragende Kraft, Ausdauer oder Technik verfügt. Der von den Zeitungen verliehene Titel »Britanniens miesester Boxer«, den er mit dem Habitus eines Olympioniken trägt, verspricht dem Publikum mindestens einen unterhaltsamen Abend. Ihm bringt es Geld, an einem guten Abend ein- bis zweitausend Pfund. Sein nächster Kampf soll Anfang Dezember stattfinden, sagt Robin, ich müsse unbedingt vorbeikommen. Er werde mir Karten zurücklegen.

Robin ist ein sympathischer Kerl mit einer knarrenden, kratzenden Stimme und einer Aufmerksamkeitsspanne nahe null. Während wir reden, macht er keinen Hehl daraus, dass ihn das Gespräch anödet. Nach zehn Minuten fragt er die Kellnerin nach ihrer Handynummer. Als das nicht klappt, versucht er sie zu bequatschen, ihm wenigstens die Hand zu geben. Will sie aber auch nicht. »Warum nicht?«, fragt er. »Einfach so«, antwortet die Kellnerin. Er fragt noch fünfmal, bis sie wortlos abzieht.

Das ist sein Leben. Schläge und Niederlagen. Der Unterschied zwischen ihm und den meisten anderen Menschen ist, dass Robin mit ungebrochener Energie einfach weitermacht, man könnte es

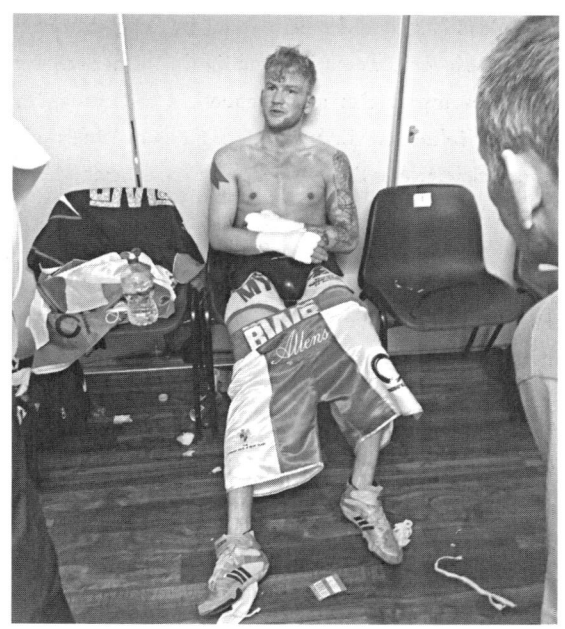

auch Dickköpfigkeit nennen. Sein Talent ist, nicht umzukippen. Beim Boxen harrt er so lange im Ring aus, bis der Gong die Runde beendet. In ihm steckt die Widerstandskraft eines Unerschütterlichen. Er nennt sich selbst »den menschlichen Boxsack«. Robin ist wie England. Trotzig, eigensinnig, enttäuschungsgesättigt, manchmal verbissen, aber lustig. Er hat nicht immer Geld, muss dauernd zum Arzt, sein Leben läuft beschissen, aber das hält ihn nicht davon ab, seine Bedeutung auf der Weltbühne heillos zu überschätzen. Er will mehr sein, als er ist, wie das ganze Land, weiß aber gleichzeitig, dass das nicht geht, wie das ganze Land, und da er nicht viel mehr besitzt als eine abgebrochene Schullaufbahn und einen Klumpfuß, muss er eben weiter in den Ring.

Überhaupt, der Klumpfuß. Robin kam mit der Behinderung zur Welt, schon als Junge ging er schief. Den linken Fuß kann er nicht gut belasten, deshalb sind die Muskeln in seinem linken Bein schwächer als im rechten. Er ist 1,74 Meter groß und kämpft im Super-Leichtgewicht, ein dünner, zäher Kerl. Wenn er im Ring das Gewicht nach links verlagert, knickt sein Fuß auf den linken Außenrist. Er hinkt leicht. Über 70 Operationen habe er hinter sich, sagt er.

Robin wurde als drittes von vier Kindern in Horsham geboren, einer Stadt in Surrey. Die Familie hatte kaum Geld und wohnte in einer Sozialwohnung, aber Robin sagt, es war keine üble Kindheit. Sein Vater Lester sei eine kleine Berühmtheit in der Gegend, als Kind habe er, Robin, immer wieder darüber gestaunt, wie viele Menschen seinen Dad auf der Straße grüßten. »Jeder blieb stehen, um mit ihm zu reden, die halbe Stadt wusste, wer Lester ist.« So will ich auch sein, dachte Robin. Berühmt wie Dad. »Ich wollte, dass mich jeder kennt«, sagt er. Später erfuhr er, dass sein Vater auch dafür berühmt war, andere Leute zusammenzuschlagen.

Als Vorbild war Lester nicht die beste Wahl. Er stritt häufig mit Robins Mutter, was dazu führte, dass das Sozialamt den Vater von der Familie trennte und Robin mit seiner Mutter und den Geschwistern an einen sicheren Ort brachte. Lester gefiel das nicht. Er verschaffte sich Zutritt zum Sozialamt und nahm den Sachbearbeiter als Geisel. Er wollte zu seiner Familie. »Das lief damals in den Nachrichten«, sagt Robin. In seinem Blick liegt die Freude des Jungen, der verstanden hat, dass Niederlagen nicht schlecht sein müssen. Wenn man sich Mühe gibt, können sie sogar in eine Karriere münden.

Inzwischen leben seine Eltern getrennt, Vater und Sohn sehen sich wieder häufiger. Offenbar läuft Lesters Leben runder als früher. »Dad betreibt einen Limousinen-Dienst, ein Café und ein Straßenreinigungsunternehmen«, sagt Robin. Gleichzeitig?, frage ich. Ja, gleichzeitig.

Die Straßenschläue hat Robin von seinem Vater geerbt und zwischen den Sozialbauten von Horsham poliert. Neben dem Klumpfuß leidet er unter dem Drang, ständig plappern zu müssen. Wenn man einen Boxkampf mit Worten gewinnen könnte, wäre er längst Weltmeister. Er redet von Mädchen, die er angeblich flachgelegt hat, vom nächsten Kampf, von seinen vielen Interviews, von dem unbedingten Willen, Champion zu werden, von der Zukunft und davon, dass 2016 das Jahr sein wird, in dem sich für ihn alles ändert. Das Siegerjahr. Er erzählt auch von seinem Agenten und von Lisa, seiner PR-Frau, die für ihn Kontakte zu Journalisten herstellt. Er zahle ihr 150 Pfund im Monat. Sie werde mich nach unserem Gespräch anrufen, was sie selbstverständlich nie tut.

Wenn er gerade niemanden zum Reden hat, verbreitet er seine Weisheiten auf Twitter. »Es gibt keine Fehler im Leben, nur Lektionen.« - »Nimm nichts als selbstverständlich hin.« - »Harte Arbeit zahlt sich aus, konzentrier dich darauf, was du kannst, egal, wie schwer es wird.« Vieles klingt, als hätte er ein Glückskeks-Abo. Er ist der Rocky von Essex, schreibt er. Außerdem fordert er Justin Bieber zu einem Kampf heraus.

Vor drei Jahren entzog ihm der englische Boxverband die Profi-Lizenz, weil man um seine Gesundheit fürchtete. Jemand, der dauernd verliert und trotzdem weitermachte, musste vor sich selbst geschützt werden. Und vermutlich wurde Robin die Genehmigung zum Kämpfen auch deshalb entzogen, weil er nicht nur außerhalb des Rings zu viel redet. Er wich einfach aus auf die Boxlizenzen anderer Länder, unter anderem aus Malta und Deutschland. Er tut das, was er am besten kann. Weitermachen.

Einige Wochen später verabreden wir uns im LDG Fitness Centre in einem Industriegebiet im Londoner Osten, kurz vor Essex. Vor den Kraftgeräten stehen schwarze Männer mit schenkeldicken Oberarmen und tätowierte Frauen, die mit wütenden Blicken Gewichte stemmen. In der Luft liegt der Geruch von Schweiß und Sprühdeo. Robin hat eine Sporttasche dabei, die Platz für einen Kühlschrank bietet.

Er trainiert im Boxring in einem Nebenraum. Aus Lautsprechern dröhnt so laut The Clash, dass man kaum sein eigenes Wort versteht. Robin macht Konditionsübungen und schlägt auf Boxpratzen ein, die Mark ihm entgegenhält, der Mann aus der Verpackungsbranche. Wegen seines Klumpfußes wirkt Robin ungelenk, fast verletzlich. Er schleppt seinen Körper wie ein Angeschossener durch den Ring. In seinem Blick liegen Konzentration und ein Funke Euphorie, und man spürt, wie Adrenalin und Ehrgeiz in ihm kochen. Als ich ihm nach dem Training auf die Schulter klopfe, fragt er mit triumphierendem Blick: »Glaubst du immer noch, dass ich der schlechteste Boxer Englands bin?«

Für mich liegt der größte Widerspruch in Robin Deakins Karriere darin, dass er einerseits hart trainiert und, wenn er im Ring steht, so brutal wie möglich zuschlägt, andererseits aber stolz auf seinen Nicht-Titel als größter Versager unter Gottes Sonne ist. Muss man sich nicht für eine Seite entscheiden? Robin zuckt die Schultern. Er sieht da keinen Widerspruch. »Mir geht es darum, dass die Leute über mich reden.«

Und genau genommen ist er auch gar nicht der schlechteste Boxer des Königreichs. Auf der britischen Rangliste bei Boxrec.com steht in Robins Gewichtsklasse ein Mann namens Guiseppe Daprato auf dem letzten Platz. Da Robin derzeit keine britische Lizenz besitzt, wird er auf der internationalen Liste geführt, wo er auf Platz 1065 von 1742 steht – weit unten, das ja, aber eben nicht ganz unten. Auch das ist sehr englisch: die Tatsache, dass es immer einen gibt, der ein größerer Loser ist als man selbst.

Nach dem Training fahren wir in eine Bar ein paar Straßen weiter. Es dauert zehn Sekunden, bis Robin anfängt, die Kellnerinnen anzugraben, und 20 Sekunden, bis er die Frauen am Nebentisch schief anlächelt. Er sagt, er habe hier schon häufiger Fernsehstars gesehen, vor allem Darsteller aus der Reality-Serie »The only way is Essex«. Es ist die perfekte Umgebung für ihn: Mädchen mit fal-

schen Fingernägeln und aufgesprühter Bräune, Jungs in hautengen T-Shirts, die jeden Muskel zeigen. Willkommen in Essex, der Heimat der Selbstdarsteller und Narzissten. Hohl, aber lustig. Künstlicher wird England nicht.

»Ich bin Boxer«, ruft Robin einem Paar High Heels hinterher. Robin ist entschlossen, in die Liga der Halbprominenz aufzusteigen, die in England besonderes dicht bevölkert ist – Sänger, Serienschauspieler, Busenmodels, Radioansager, Comedians, Spielerfrauen, Klatschkolumnisten. Irgendwo dazwischen, hofft er, wird noch Platz sein für einen professionellen Verlierer wie ihn. Und vermutlich hat er recht.

Er bestellt eine Cola light. »Ich wollte immer Boxer werden«, sagt er. Seinen ersten halbprofessionellen Kampf hatte er mit zehn. »Mein Traum war, World Champion zu werden.« Mit 14 gewann er nach drei extrem harten Runden gegen seinen damaligen Erzfeind John McCully aus dem Danson Jugendclub das Viertelfinale der landesweiten Schulmeisterschaften. »Robins Entschlossenheit ist unglaublich«, erzählte Lester, sein Vater, damals der »West Sussex County Times«. Es war der Moment, in dem Robin merkte, dass er mehr war als der Junge mit dem Klumpfuß. Nach seinem ersten Kampf als Profi ließ er sich in blauer Tinte die Tätowierung »Rockin Robin« auf den Rücken stechen. »Hat 120 Pfund gekostet. Geburtstagschenk von Mama.« Er war ein Star. Beziehungsweise kurz davor, einer zu werden.

Vermutlich liegt es an diesem verdammten Fuß, dass die Karriere nie abhob. Robins Aufstieg verebbte im unteren Mittelfeld. Er musste sich weiterhin operieren lassen, Wunden entzündeten sich. Nach dem Verlust seiner Lizenz hatte er kein regelmäßiges Einkommen mehr, seine Freundin machte Schluss. Um die Miete bezahlen zu können, arbeitet er inzwischen sechs Tage die Woche als Metzger in einer Londoner Großschlachterei. »Mit Geld kauft man Liebe, das ist überall so. Mit Geld und Ruhm. Wie im Fußball.« Er dreht sich zur Kellnerin. »Hey, würdest du nicht mit einem berühmten Fußballer schlafen? Nein? Warum nicht?« Ok, dann nicht.

Später erzählt er, dass er den Kampf Anfang Dezember absagen musste. »Mein Zeh tut nämlich weh.« Trotzdem werde er spätestens im April der neue England-Champion im Leichtgewicht sein. Wie er das erreichen will, sagt er nicht. Außerdem wolle er gegen berühmte deutsche Boxer antreten — ob ich etwas arrangieren könne?

Man muss hier der Transparenz halber erwähnen, dass Robin für das Gespräch ein Honorar verlangte, das anfangs bei einigen Hundert Pfund lag, dann bei 200, und sich schließlich auf 100 Pfund reduzierte. Eigentlich sollten Journalisten solche Forderungen aus Prinzip ablehnen, weil klar ist, dass am Ende das schale Gefühl eines dreckigen Deals übrigbleibt, ein wenig wie zwischen Nutte und Freier. In diesem Fall aber war die Verhandlungsführung auf Seiten des Interviewten auf so sympathische Weise ungelenk, dass ich schwach wurde und ihm letztlich das Geld in die Hand drückte.

Das schale Gefühl kam natürlich trotzdem. Ich versuchte, ihn mit dem deutsch-afghanischen Boxer Nawid Hakimsadeh aus Essen zusammenzubringen, gegen den er kämpfen wollte. Das scheiterte daran, dass Hakimsadeh durch eine Verletzung monatelang außer Gefecht war.

Ich bleibe mit Robin in Kontakt über die nächsten Monate, weil ich ihn endlich mal beim Boxen sehen will. Anfang Februar ruft er an und klagt über Rückenschmerzen. »Ich war schon beim Arzt und kann auf keinen Fall zur Arbeit gehen.« Er klingt niedergeschlagen. Sein Geld sei knapp. Aber viel wichtiger noch: Er werde Ende Mai in den Ring steigen. »Irgendwo in der Nähe von Gatwick.« Im April ruft er an und berichtet, der Fight sei noch einmal verschoben worden.

Die Absagen und die ausgefallenen Kämpfe können seine Laune nicht trüben. Robin ist ein Sysiphos mit Boxhandschuhen. Er zieht Kraft daraus, gegen das Unmögliche anzurennen. Ich frage mich, wie oft man vom Leben auf die Matte geschickt werden muss, bis man genug hat und aufhört, sich gegen sein Schicksal zu stemmen. Sind Siege vielleicht überschätzt? Lässt sich Glück in Niederlagen finden?

Ende Juni steht Robins Name endlich auf einem Plakat in der York Hall im Londoner Stadtteil Bethnal Green, zehn Monate nach seinem letzten regulären Kampf. Die York Hall ist eine Institution in England, erbaut 1929, weltberühmt in der Boxszene, die Bretter getränkt mit dem Schweiß und Blut von Kämpfen aus Jahrzehnten. Allein Robin trat hier schon mehr als ein Dutzend Mal in den Ring. Er hat die Halle in gemischter Erinnerung. Zwar feierte er hier die beiden einzigen Siege seiner Karriere, das erste Mal gegen den Briten Shaun Walton, das zweite Mal gegen den Letten Dennis Kornilovs; allerdings verlor er noch wesentlich häufiger. Dummerweise habe er für den bevorstehenden Kampf schon sämtliche Freikarten vergeben, sagt er am Telefon, aber er könne mir eine Karte zum Vorzugspreis von 35 Pfund anbieten. Ich solle ihn nachmittags um vier vor der Halle treffen.

Als ich eine Stunde später vor dem Eingang warte, schreibt er, dass er sich bis um sechs verspäten werde. Der Mann hinter der Kasse gibt mir versehentlich ein VIP-Armband. Als sich Robin um acht noch nicht gemeldet hat, gehe ich mit dem Armband an den Sicherheitsleuten vorbei in die Umkleidekabine, wo er auf einem Plastikstuhl hockt und in die Luft guckt. Meine Frage, ob er nervös sei, ignoriert er.

Sein Vater Lester ist auch gekommen. Er trägt ein rotes T-Shirt mit der Aufschrift »Team Robin« in goldenen Glitzerbuchstaben. Zwei Tage zuvor hat Großbritannien für den Austritt aus der EU gestimmt. Lester begrüßt mich mit der Frage: »Warum bist du als Einwanderer immer noch hier?« Ich erkundige mich nach seiner Prognose für den Kampf. Lester sagt, er sei sicher, dass sein Sohn an diesem Abend siegen werde. Robin sei ausgezeichnet vorbereitet. »Schließlich habe ich ihm beigebracht, wie man sich bewegt.« Zu Anfang seiner Boxkarriere habe Robin sich zwei volle Coladosen in die Unterhose stecken müssen, um das Mindestgewicht zu erreichen, erzählt er. Übrigens sei er, Lester, falls man es genau wissen möchte, ebenfalls Boxer.

»Dad, du *warst* mal Boxer«, korrigiert ihn Robin.

»Nee, bin ich immer noch«, sagt Lester.

»Wichser«, sagt Robin.

Der Abend wird unter dem Motto »Lord of the Ring 5« vermarktet. Laut Programm ist Robins Fight Nummer elf von 13, aber das Programm ist nicht sehr zuverlässig. Gleich zu Beginn fallen vier Kämpfe aus, angeblich weil die Boxer im Stau stehen. Die Halle füllt sich, ich schätze, am Ende sitzen knapp 1000 Leute auf den Stühlen. Es gibt mehrere längere Pausen, die das Publikum dazu nutzt, sich an der Bar volllaufen zu lassen. In der Halle ist kein Alkohol erlaubt, weil die Organisatoren fürchten, dass Plastikbecher mit Bier in den Ring fliegen könnten. Außerdem könnten die Mädchen mit ihren High Heels auf den Bierlachen ausrutschen. Ich vertreibe mir die Zeit, indem ich die drei Nummerngirls fotografiere, die später fortgeschickt werden, weil sie im falschen Moment mit der falschen Nummer in den Ring klettern.

Ich setze mich in die erste Reihe. Auf dem Platz links neben mir hängt ein Mädchen namens Claire, das schon zu Beginn des Abends sehr betrunken ist. Der Bildschirm ihres Mobiltelefons sieht aus, als hätte sie mit einem Hammer darauf eingeschlagen. Beim ersten Kampf tritt Steve »The Hitman« O'Sullivan gegen Sean McIntyre im Schwergewicht an. Es wird eine Schlägerei, aus der keiner der beiden gut herauskommt. Ich kann deutlich das dumpfe Matschen hören, wenn Boxhandschuh auf Gesicht trifft. Schweiß fliegt auf die Zuschauer, die Köpfe dampfen. Beim Kampf zwischen Ebeneezer »Joy Daddy« Amedor und Tommy »Sweet T« Jacobs im Mittelgewicht jault das Publikum vor Vergnügen. »Junge! Jaaa! Mach ihn alle!«

Robin tritt um kurz nach elf aus der Umkleide. Der Kampf ist auf acht Runden angesetzt. Sein Gegner ist zwei Jahre älter, heißt Prince Ofutsu und stammt aus Accra, der Hauptstadt von Ghana, ein kleiner, wendiger Kerl mit sehnigen Armmuskeln und einem listigen Gesicht. Robin hat sich auf diesen Moment fast ein Jahr lang gefreut. Monatelang hat er trainiert. Der Rocky von Essex will zeigen, dass er siegen kann, dass er besser ist als sein Ruf. Schlechtester Boxer hin oder her.

Aber schon bei seinem Einzug wird deutlich, dass er auch an diesem Abend sein Leben wieder komplizierter macht als nötig. Minutenlang bleibt er auf der Bühne stehen und lässt das Publikum und den Ringrichter warten, bevor er über den Laufsteg in die Mitte der Halle schlendert. Er ist vollgepumpt mit Adrenalin und Stolz. Sein Gesicht sagt: »Ich werde diesen Kerl fertigmachen.« Lester steht in der Ecke und feuert seinen Sohn an. Nicht lange nach dem Gong, der die erste Runde einläutet, landet Robins Gegner die ersten Treffer. Das Publikum spürt, dass Prince Ofutsu härter, schneller und zielgerichteter vorgeht. Es sieht nicht gut aus für Robin.

Die erste Runde übersteht er, muss aber Schläge in Rippen und Nieren einstecken. Unwahrscheinlich, dass er gegen Prince Ofutsu acht Runden lang standhalten wird. So weit kommt es aber gar nicht. In der zweiten Runde wird Robin disqualifiziert, weil er den Ringrichter anzischt. Der Kampf wird vorzeitig abgebrochen.

Robins letzte Worte im Ring lauten: »Fucking Hell!«

Einfach weiteratmen

Ein Lkw-Fahrer und eine Schriftstellerin
diskutieren über Schottland

Janice kommt im Sommerkleid zum Italiener, und wann würde man in Glasgow Sommerkleider tragen, wenn nicht an diesem Tag? Am Himmel hängt nicht die kleinste Wolke, draußen auf dem St. George Square picknicken Rucksacktouristen, weißhäutige Schotten krempeln die Ärmel hoch, Glasgow legt kollektiv Haut frei. Kurz nach Janice tritt Liam durch die Tür des Restaurants, in Jeans und T-Shirt. Ich hatte Janice und Liam gefragt, ob sie Lust hätten, über ihre Heimat zu reden, diese wilde, zerfurchte, komplizierte Nation namens Schottland, und beide sagten ja.

Liam fährt beruflich Tanklastwagen mit Benzin durch das Land. Ich hatte ihn im Sommer 2014 vor dem schottischen Unabhängigkeits-Referendum kennengelernt, als er sein politisches Erweckungserlebnis hatte, Flugblätter verteilte und Podiumsdiskussionen organisierte, um für die Abspaltung vom Süden der Insel zu kämpfen. Liam versteht bis heute nicht, warum seine Landsleute damals dagegen stimmten. Er ist gut durchtrainiert, mit seinem kahlgeschorenem Kopf wirkt er wie ein Typ, mit dem man lieber keine Pub-Schlägerei anzetteln möchte.

Janice Galloway ist Schriftstellerin und beschäftigt sich in ihren Romanen und Kurzgeschichten intensiv mit der schottischen Seele.

Sie war eher skeptisch, was die Unabhängigkeit anging, als wir uns vor zwei Jahren vor dem Referendum in einem Glasgower Café trafen. Einerseits fand sie die Debatte erfrischend, weil ihre Landsleute plötzlich lebhaft über Identität, Selbstbestimmung und die richtige Politik diskutierten; andererseits misstraute sie dem goldenen Zukunftsversprechen der Sezessionisten.

Ein Trucker, 38 Jahre alt, und eine Autorin, 60 Jahre. Zwei Schotten aus zwei Generationen, die ihre Heimat lieben und zugleich daran verzweifeln.

Die beiden sehen sich zum ersten Mal und gleichen sofort ihre Freundeskreise ab, als wohnten sie seit ihrer Kindheit in derselben Straße. Schottland macht zwar ein Drittel der britischen Landmasse aus, hat aber nur etwas über fünf Millionen Einwohner. Wenn man Rentner und Kinder abzieht, ist die Chance nicht klein, dass sich hier oben Bekanntschaften überschneiden. »Kennst du zufällig Robin aus Cumbernauld, der in seinem Keller Wein macht?«, fragt Liam. »Klar«, sagt Janice. »Kennst du Katherine von der Uni in Stirling?« Erste Erkenntnis: Schottland ist ein Dorf.

Ich will von den beiden erfahren, wie sich ihre Heimat seit jenem heißen Herbst des Jahres 2014 entwickelt hat, als die Unabhängigkeit zum Greifen nah war. Wenige Tage vor dem Plebiszit am 18. September 2014 sagten Umfragen einen Sieg der Sezessionisten voraus. Es war die schwerste Krise der 300 Jahre alten schottisch-englischen Union. Damals reisten in einer Verzweiflungsaktion der Premierminister, sein Stellvertreter und der Oppositionschef in den Norden, um die Schotten anzuflehen, doch bitte in der Union zu bleiben. Am Ende stimmten 55 Prozent gegen die Abspaltung, zur Erleichterung des Südens. Warum aber scheiterte die Revolution, was ist seitdem geschehen? Und vor allem: Wie geht es weiter?

Liam sagt, er setze sich inzwischen neben seinem Job für die Rechte von Schwulen, Lesben, Bisexuellen und Transgender-

Menschen ein, und das ist die zweite Erkenntnis an diesem Tag: Aus dem Kerl, der seine freien Tage gerne mit den *lads* im Pub verbrachte, ist ein politischer Aktivist geworden. Erst Schotten, jetzt Schwule, ich glaube, ihm sind Minderheiten wichtig.

Er weiß noch genau, wie er sich am Morgen nach dem Referendum fühlte: wie ein Betrogener. Mit einigen Mitstreitern organisierte er eine spontane Kundgebung in Glasgow, der Stadt, die mit über 53 Prozent für die Abspaltung gestimmt hatte. Irgendwann kletterte Liam auf eine Mülltonne, um zu den Leuten zu reden. Die Polizei zerrte ihn herunter. »Es war eine bittere Phase. Ich habe den ganzen Tag geweint. Mir tat es auch leid um meine Tochter, der ich ein freies Land versprochen hatte«, sagt er.

Janice lächelt. »Honey, ich würde nie Versprechen an Ereignisse knüpfen, deren Ausgang ich nicht beeinflussen kann.«

Liam will sich mit der Niederlage bis heute nicht abfinden. »Nach einigen Tagen der Trauer dachte ich, okay, lasst uns daraus lernen. Wir müssen jeden Tag über die Unabhängigkeit sprechen, um die Menschen an den Gedanken zu gewöhnen und sie langsam davon zu überzeugen.« Er zählt zu jenen in Schottland, die auf ein zweites Referendum hinarbeiten. Liams Kampf geht weiter.

Janice erinnert sich ebenfalls gut an ihre erste Reaktion damals. »Ich dachte: Jetzt haben wir uns wieder mal vor den Augen der Welt zum Affen gemacht.« Sie schimpft sich selbst für den Gedanken. Der Minderwertigkeitskomplex gewürzt mit einer Prise Selbstironie gehört zur Inneneinrichtung der schottischen Seele wie die Vorliebe für Schafsinnereien. Janice hatte in der Wahlkabine zögerlich für die Abspaltung gestimmt, aber im Nachhinein wirkt sie erleichtert, dass es nicht dazu kam. »Viele meiner Freunde beteten die Unabhängigkeit an — als Erlösung von allen Leiden. Unabhängigkeit ist aber keine Religion. Es gibt keine Reinheit in der Politik, nur Kompromisse.« Die gigantischen Erwartungen an das Referendum hätten später notgedrungen enttäuscht werden müssen. Janice sagt, sie beobachte unter den Bürgern Schottlands eine Stimmung, die über Zynismus noch hinausgehe. »Es ist viel schlimmer. Es herrscht Traurigkeit.«

Wir bestellen Nudeln mit Tomaten und Salat. Liam und Janice teilen die Analyse, dass der aus London vorangetriebene Hyper-Kapitalismus für die desolate Lage des Nordens verantwortlich ist. Schottlands Wirtschaft kränkelt, die Arbeitslosigkeit ist hoch, die Ausgaben für Sozialleistungen liegen über denen in England. Liam sagt: »Die Engländer halten uns für Schmarotzer. Für die sind wir Sozialstaats-Junkies.«

»Äh, mein Mann ist Engländer«, sagt Janice. »Mir geht es nicht um die einfachen Leute im Süden, sondern um die Elite, um das englische Establishment.«

Beide reden von »denen« und »uns«, wenn sie über Engländer und Schotten sprechen, zwei Völker, die wohl oder übel in einer Nation verbunden sind. Auch bei Janice, die ihre Worte feiner wägt als Liam, ist die Wut über die abgehobenen Londoner Politiker zu spüren, die den Schotten nur in Notfällen ihre Aufmerksamkeit schenken. Meistens dann, wenn etwas schiefgeht. »Als sie 2014 fürchteten, das Referendum könnte scheitern, haben sie uns drei Tage lang ernst genommen«, sagt sie. Danach kehrte im Süden die Gleichgültigkeit zurück und im Norden das Gefühl, als Briten zweiter Klasse ignoriert zu werden.

Ich glaube, dass das Referendum den Schotten auf einer emotional-politischen Ebene zeigte, dass sie ihre Geschicke selbst in die Hand nehmen könnten, wenn sie wollten. Wenn es eine Lektion aus jenem Herbst gibt, dann die, dass sie es schaffen können, sich neu zu erfinden. Zu oft habe sich der Norden unterdrücken lassen, zu groß seien die Minderwertigkeitsgefühle gewesen, sagt Janice. Das Referendum verstärkte zumindest den Eindruck, dass die Schotten in der Lage sind, gemeinsam an einer besseren Zukunft zu basteln. »Wir hatten den Schub an Selbstbewusstsein dringend nötig«, sagt sie.

Während wir Kaffee bestellen, denke ich, dass man an Liam sehen kann, was sie mit dem neuen Selbstbewusstsein meint. Noch in den Siebzigerjahren wäre es unvorstellbar gewesen, dass ein Lkw-Fahrer wie selbstverständlich die politischen Geschicke seiner Heimat beeinflusst – ganz abgesehen davon, dass das schottische Parlament damals noch gar nicht existierte und damit auch keine Möglichkeit, unmittelbaren Einfluss auf die Heimat auszuüben. Politik war ein Job für die Profis aus dem Süden. In gewisser Weise ist Liam das Ergebnis des Kampfes um mehr Selbstbestimmung, den Janice und andere seit Jahrzehnten ausfechten. Janice kann kaum verbergen, dass ihr Liams Eifer nicht geheuer ist. Liam sagt, er wünsche sich ein radikal anderes Schottland, sozialer, linker, mit einem größeren Wohlfahrtsstaat. Die Schottische Nationalpartei sei ihm zu weich und kompromissbereit. Janice' Augenbrauen sagen: Werd' erwachsen, Junge.

Janice veröffentlichte ihren ersten Roman 1989. In dem Buch

kämpft ihre Ich-Erzählerin gegen die eigene Lebensmüdigkeit, der Titel lautet: »The Trick is to Keep Breathing«. Einfach weiteratmen. Es ist ein auswegloses, wütendes Buch, und in der Verzweiflung der Protagonistin spiegelt sich die desolate Pracht eines ganzen Volkes. Liam Stevenson ging Ende der Achtziger-, Anfang der Neunzigerjahre noch zur Schule. Er verstand erst später, dass sich damals eine leise Revolution von Autoren, Musikern, Malern und anderen Künstlern in Gang setzte, die sich nicht als Briten, sondern als Schotten definierten, die sich mit ihrer Heimat auseinandersetzten und die imperiale Arroganz des Südens ablehnten. Zu dieser Generation zählt auch Janice Galloway. Es war die Zeit von »Highlander«, »Braveheart«, »Trainspotting« und anderen Filmen und Werken, die Schottland größer machten, als sich die meisten Schotten selbst fühlten.

Der Druck, den die englische Regierung zu dieser Zeit auf den Norden des Landes ausübte, verstärkte die Abgrenzungstendenzen, das Gefühl des »Wir gegen die« noch. Thatcher hatte in den Achtzigerjahren Sozialkürzungen durchgepeitscht, Kohlezechen geschlossen und die Macht der Gewerkschaften bekämpft. Überall im Land stieß sie auf Zorn und Gegenwehr, aber der Norden fühlte sich von ihrer Politik besonders gegängelt. Dann führte Thatcher auch noch die »poll tax« ein, eine lokale Steuerabgabe, die zunächst in schottischen Städten und Gemeinden erprobt und erst später im Rest des Königreichs erhoben wurde. Im Norden wurde das als weiterer Versuch der Tories wahrgenommen, an den Schotten politische Experimente durchzuführen. »Thatcher machte Schottland zu ihrer Petrischale«, sagt Janice, die Schotten hätten sich wie Versuchskaninchen gefühlt.

Die »poll tax« trug dazu bei, dass sich der Norden vom Süden weiter entfremdete. Gleichzeitig formierte sich eine Generation von Politikern, die heute unter anderem bei der Schottischen Nationalpartei den Ton angibt, darunter die Ministerpräsidentin

Nicola Sturgeon. Ohne Thatcher hätte das Unabhängigkeits-Referendum 2014 nie stattgefunden, ohne Thatcher wäre der Norden nie so gut organisiert und vereint wie jetzt. »Die schottische Identität entstand aus Opposition zu Thatcher«, sagt Janice.

Und das, obwohl die Bindungen zum Süden jahrhundertelang fest zu sein schienen. Die schottisch-englische Union hält seit über 300 Jahren, und fast ebenso lang hatte das Empire nicht nur England an Indien und Australien gebunden, sondern auch an den Nachbarn im Norden. Engländer wie Schotten fühlten sich als Briten, sie teilten eine Identität, die größer war als die Summe der einzelnen Teile. Die Schotten profitierten überproportional stark vom Empire, besetzten hohe Verwaltungsjobs und stellten zwischen 1885 und 1939 immerhin ein Drittel der Gouverneursposten in den britischen Kolonien. Mit dem Niedergang des Empire verblassten aber die gemeinsamen Interessen, der Zusammenhalt wurde schwächer. Heute fühlen sich nur noch 23 Prozent der Schotten »britisch«.

Das Land hat sich verändert seit jenem Herbst 2014. Es ist selbstbewusster geworden, machtbewusster auch, und auf jeden Fall überzeugter von der eigenen Stärke, auch wenn ein Teil der Unabhängigkeitskämpfer desillusioniert ist. Liam und Janice verkörpern dieses neue Schottland; Janice in ihrer zurückhaltenden, zweifelnden Art, Liam drängender und ungeduldiger. Beide sind stolz auf ihre Heimat und darauf, wie sich Schottland während des Referendums präsentierte, mit Leuten, die in gefüllten Hallen über Politik diskutieren, mit einem Volk, das sich selbst entdeckte. »Das ist das Schottland, das ich sehen wollte«, sagt Janice. Für Liam war das Referendum keine Sackgasse, sondern ein erster Schritt auf dem Weg in die Unabhängigkeit, die zweifellos kommen wird, da ist er sicher. Die Wahrscheinlichkeit, dass die Abspaltung beim zweiten Anlauf klappt, ist nach dem Brexit-Referendum gestiegen. Schottland stimmte mehrheitlich für den Verbleib in der EU, im

Gegensatz zu England, und will nun verhindern, gegen den Willen der Bürger vom Süden aus Europa getrieben zu werden. »Wenn wir unabhängig werden, machen wir natürlich Fehler, keine Frage«, sagt Liam. »Aber es werden unsere Fehler sein.«

Und jetzt zum Wetter

Der *shipping forecast* und seine
tiefere Bedeutung

Viking: südwestlicher Wind, Stärke fünf bis sechs, auffrischend, sieben bis acht; heiter, dann Regen. North-Uitsire, South-Uitsire: Wind aus wechselnden Richtungen, Stärke vier, später südlich, stürmisch bis Sturm, heiter bis regnerisch.

Viermal täglich sendet die BBC im Auftrag der Küstenwache den Seewetterbericht, die ausführlichen Versionen um 0:48 Uhr und 5:20 Uhr. Jeder hier kennt den *shipping forecast* auf Radio 4, er ist eine Institution des Rundfunks, auch wenn die britischen Schiffe zwischen Atlantik und Nordsee längst eigene Messgeräte an Bord haben und nicht mehr auf das Radio angewiesen sind. Eigentlich könnte die BBC den Seewetterbericht auch einstellen, was sie aber nie tun wird, weil sie weiß, dass dann an Land die Hölle losbricht. Die Briten reagieren hochempfindlich, wenn jemand an ihren Institutionen rüttelt. Vor allem, wenn es ums Wetter geht, das Lieblingsthema für Smalltalk. Als die Programmplaner von Radio 4 Mitte der Neunzigerjahre die Nachtvorhersage um zwölf Minuten verschieben wollten, hagelte es Protestbriefe und wütende Leitartikel, es gab sogar eine Parlamentsdebatte, der Sturm dauerte so lange, bis der Sender einknickte und die Pläne begrub.

Forties, Cromarty, Forth, Tyne, Dogger: südlicher Wind, schwach bis stürmisch, zunächst vier bis fünf in Tyne, Dogger und Forties; heiter bis gelegentlich regnerisch.

Der Seewetterbericht gehört zur Insel wie Schwarztee und Gummistiefel, er ist unvergänglich, unzeitgemäß, störrisch fast. Die Vorhersage beginnt, falls nötig, mit Sturmwarnungen, es folgt eine Zusammenfassung der Wetterlage, dann der ausführliche Bericht mit Windgeschwindigkeiten auf der Beaufort-Skala. Die Gewässer um die mehr als 6000 britischen Inseln sind in dem Bericht aufgeteilt in 31 Phantasiegebiete, von »North Uitsire« vor Norwegen über »Wight« im Ärmelkanal, »Southeast-Iceland« vor Island bis »Trafalgar« vor Spanien. Benannt wurden diese Gebiete nach umliegenden Inseln, größeren Sandbänken, Städten, Buchten sowie in einem Fall nach einem britischen Meteorologen (»FitzRoy« liegt im Atlantik vor Nordwestspanien). Auch wenn sicher nicht alle Briten eine Vorstellung davon haben, wo genau auf der Seewetterkarte »Cromarty«, »Forth«, »Tyne« oder »Dogger« liegen, wissen doch zumindest die Küstenbewohner, welche Gebiete sich in ihrer Nähe befinden. Den meisten Bewohnern der Insel ist der Klang dieser Namen vertraut, das genügt.

Fisher, German Bight, Humber, Thames, Dover, Wight: Wind aus verschiedenen Richtungen, drei oder vier, südlich bis zu sieben, später vielleicht acht; zeitweise Regen.

Die Kunst des Sprechers oder der Sprecherin besteht darin, das Wetter so nüchtern wie möglich vorzutragen, ohne gelangweilt zu klingen. Der *shipping forecast* ist keine Sendung, sondern ein maritimes Gebet, ein Gedicht aus Phantasienamen und Nichtorten. *Viking, North-Uitsire, South-Uitsire / Forties, Cromarty, Forth:* eine nautische Litanei, eine Übung in Hypnose. *Tyne, Dogger, Fisher,*

German Bight: weniger geografische Positionen, sondern eher Beruhigungsmittel, die Generationen von Insomnisten in den Schlaf wiegten. Kaum jemand schaltet den Seewetterbericht bewusst ein, er läuft nebenbei, aber wenn er fehlen würde, würde es jedem auffallen.

Portland, Plymouth, Biscay: Wind aus verschiedenen Richtungen, drei oder vier, süd- bis südwestlich, sechs bis acht; heiter bis regnerisch.

Meine Theorie ist, dass die Briten den Seewetterbericht deshalb so lieben, weil er jeden Tag das Inselhafte ihrer Insel beschwört. Er schält Großbritannien aus dem Meer heraus, Satz für Satz, 18 000 Kilometer Küstenlinie. Er zeichnet die von Wind und

Brandung umtosten britischen Felsen, ein kleines, unschuldiges Archipel im Griff der Wellen und Ozeane, gleichzeitig beweist er ein ums andere Mal das Standhalten gegen die Gewalt der Meere. Der Seewetterbericht ist Drohung und Widerspenstigkeit zugleich, Natur und Zivilisation, Brutalität und Wille, das macht ihn so faszinierend.

Und natürlich trägt er Tag für Tag zum Mythos bei, den das britische Volk über sich selbst erzählt. Die Insularität und das daraus resultierende Gefühl der Trennung und Distanz vom Kontinent ist seit langer Zeit eine ebenso bequeme wie unzureichende Antwort auf die Frage, warum die Briten so sind, wie sie sind. Der Ärmelkanal ist leichter überwindbar als die Pyrenäen, die Spanien von Frankreich trennen. Und trotzdem wird die Inselhaftigkeit der Insel als Erklärung für die Besonderheit des britischen Charakters bemüht, immer wieder.

Southeast-FitzRoy: süd- bis südwestlich, sechs bis acht, zunächst fünf; Regen oder Niesel.

Im Seewetterbericht wächst Britannien über sich hinaus, das Einflussgebiet der Insel streckt und dehnt sich wie früher nach rechts bis Norwegen, hoch bis Island, hinunter nach Spanien. Ein Traum von alter Größe und Bedeutung. Man fühlt sich wie Kapitän Nemo in der Nautilus, wenn das Radio vor Stürmen über dem Atlantik warnt oder Böen auf der Irischen See, während man selbst, im besten Fall, unter einer tendenziell zu warmen Bettdecke begraben liegt. Im schlechteren Fall sitzt man alleine hinter dem Steuer eines Mietwagens und sucht das Holiday Inn in Belfast.

Ich glaube, die Briten freuen sich insgeheim über schlechtes Wetter. Sie sind erleichtert, wenn sie hören, dass es garstig wird, weil die Erwartungen dann weniger hoch sind, als wenn die Sonne scheint. Wenn die Briten in einem schlecht sind, dann darin, in

Euphorie zu verfallen. Kälte, Wind und Regen erfordern Widerstand und Trotz, darin sind sie hervorragend.

Sole, Lundy, Fastnet, Irish Sea: süd- bis südwestlich, sechs bis acht, zunächst erst fünf; heiter, dann Regen und Schauer.

Für Kapitän Nemo war es immer dann am schönsten, wenn draußen, vor dem großen Bullauge seiner Nautilus, Orkane tobten oder ein Riesenkrake mit einem Pottwal rang. Es ist das Wohlbehagen des Abenteurers, den eine dicke Glasscheibe vor der nassen Wildnis schützt. Das bezwungene Unbändige, das Glück der Gemütlichkeit. Das Beruhigende am Seewetterbericht ist, dass es ihn morgen wieder geben wird, zu exakt denselben Zeiten.

Danke

Ein Buch ist keine Einzelleistung. Ich will mich bei Karen Guddas von der DVA in München für ihre tollen Ratschläge und ihre Geduld bedanken und bei Angelika Mette vom SPIEGEL-Verlag für ihren Enthusiasmus. Britta Sandberg und Mathieu von Rohr im Auslandsressort des SPIEGEL gewährten mir die Freiheit, trotz Brexit durch englische Gärten zu spazieren, Laura lo Zito in London half bei der Organisation von Recherchen. Ohne die Anmerkungen von Malte Henk, der alles weiß und alles sieht, wäre das Buch um viele Gedanken ärmer und einige Unzulänglichkeiten reicher. Natürlich hätte dieses Projekt nie ohne all die Menschen auf dem britischen Archipel zustande kommen können, die mir mit großer Ausdauer und Höflichkeit versuchten, ihre Heimat näherzubringen. Ihnen gilt meine besondere Anerkennung. Und Silke danke ich für ihre Liebe.

Alles über das
erfolgreichste Buch der Welt

Wie kein anderes Buch hat die Bibel das Denken der westlichen Welt beeinflusst. Geschichten wie die Vertreibung Adams und Evas aus dem Paradies oder Moses' Empfang der zehn Gebote auf dem Berg Sinai sind Teil unseres kulturellen Gedächtnisses. Aber beruhen die alten Geschichten auf Tatsachen? SPIEGEL-Autoren und Historiker zeichnen Entstehung und Wirkung der Bibel über fast 3000 Jahre nach. Auf der Suche nach der historischen Wahrheit porträtieren sie Schlüsselfiguren wie die Apostel Petrus und Paulus, den Kirchenvater Hieronymus sowie den Reformator Martin Luther und geben Einblick in die Arbeit von Theologen, Schriftforschern und Archäologen.

PENGUIN VERLAG

»Häufig muss ich in das Gehirn hineinschneiden –
etwas, was ich überhaupt nicht gern tue.«

Wie arbeitet ein Hirnchirurg? Wie fühlt es sich an, in
das Organ zu schneiden, mit dem Menschen denken und
träumen? Und wie geht man damit um, wenn das Leben
eines Patienten von der eigenen Heilkunst abhängt?
Operationen am Innersten des Menschen sind immer
mit unkalkulierbaren Risiken verbunden. Henry Marsh,
einer der besten Neurochirurgen Großbritanniens, erzählt
beeindruckend offen, selbstkritisch und humorvoll von den
Ausnahmesituationen, die seinen Arbeitsalltag ausmachen.
Seine Geschichten handeln vom Heilen und Helfen, vom
Hoffen und Scheitern, von fatalen Fehlern und von der
Schwierigkeit, die richtige Entscheidung zu treffen.